就业技能培训教材

养老护理基本技能

主　编　王淑红　倪爱清

中国劳动社会保障出版社

图书在版编目(CIP)数据

养老护理基本技能 / 王淑红, 倪爱清主编. --北京: 中国劳动社会保障出版社, 2024. --(就业技能培训教材). --ISBN 978-7-5167-6775-7

Ⅰ. R473.59

中国国家版本馆 CIP 数据核字第 2024UN2339 号

中国劳动社会保障出版社出版发行

(北京市惠新东街1号　邮政编码:100029)

*

北京昌联印刷有限公司印刷装订　　新华书店经销

880 毫米×1230 毫米　32 开本　4.75 印张　112 千字

2024 年 12 月第 1 版　　2024 年 12 月第 1 次印刷

定价:15.00 元

营销中心电话:400-606-6496

出版社网址:https://www.class.com.cn

版权专有　　侵权必究

如有印装差错,请与本社联系调换:(010)81211666

我社将与版权执法机关配合,大力打击盗印、销售和使用盗版图书活动,敬请广大读者协助举报,经查实将给予举报者奖励。

举报电话:(010)64954652

前　言

就业技能培训是终身职业技能培训体系的重要组成部分。就业技能培训系列教材是为适应开展就业技能培训的需要，提升就业技能培训的针对性和有效性，促进就业技能培训规范化、高质量发展而组织开发的。本套教材以相应职业（工种）的国家职业标准和岗位要求为依据，力求体现以下特点。

全。教材覆盖各类就业技能培训，涉及职业素质类，农业技能类，生产、运输业技能类，服务业技能类，其他技能类五大类。

精。教材中只讲述必要的知识和技能，强调实用和够用，将最有效的就业技能传授给受培训者。

易。内容通俗易懂，图文并茂，易于学习。

教材编写是一项探索性工作，由于时间紧迫，不足之处在所难免，欢迎各使用单位及读者提出宝贵意见和建议，以便教材修订时补充更正。

内 容 简 介

本书是养老护理员就业技能培训教材,主要内容包括:基础知识、生活照护、基础照护、疾病照护、健康促进等。

全书图文并茂,语言通俗易懂,内容紧密结合工作实际,突出技能操作,便于学员更好地掌握养老护理基础知识和基本技能。

本书适合就业技能培训使用。通过培训,初学者或具有一定基础的人员可以达到从事养老护理工作的基本要求。

目 录

第1单元　基础知识 ··· 1

模块1　养老护理员职业守则 ······································ 1
模块2　养老护理员岗位须知 ······································ 3
模块3　老化改变及护理要点 ······································ 6
模块4　与老年人沟通 ·· 19
模块5　《中华人民共和国老年人权益保障法》相关知识 ······ 23

第2单元　生活照护 ·· 27

模块1　老年人饮食照护 ·· 27
模块2　老年人清洁照护 ·· 36
模块3　老年人排泄照护 ·· 45
模块4　老年人睡眠照护 ·· 50

第3单元　基础照护 ·· 57

模块1　老年人体征观测 ·· 57

模块 2　老年人护理协助 ………………………………… 66
　　模块 3　老年人用药照护 ………………………………… 76
　　模块 4　老年人感染防控 ………………………………… 85

第 4 单元　疾病照护 ……………………………………………… 89
　　模块 1　陪伴老年人就诊 ………………………………… 89
　　模块 2　老年人常见疾病照护 …………………………… 92
　　模块 3　认知症老年人照护 ……………………………… 103
　　模块 4　老年人常见意外事件的预防与处理 …………… 109

第 5 单元　健康促进 …………………………………………… 125
　　模块 1　康乐活动 ………………………………………… 125
　　模块 2　体位转换 ………………………………………… 130
　　模块 3　心理支持 ………………………………………… 138

培训大纲建议 …………………………………………………… 143

第1单元 基础知识

模块1 养老护理员职业守则

一、尊老敬老，以人为本

中华民族历来奉行尊老、敬老的美德，这种优良传统已成为我国传统文化的主要内容之一，传承至今。关爱老年人，不仅是一种美德，更是一种义务与责任。向父母和长辈尽一份孝心，也是每个人应尽的责任和义务。"老吾老，以及人之老"，我们不仅要尊敬自家的老年人，还要尊敬社会上所有的老年人。

尊老、敬老的具体体现一方面是从物质生活上对老年人给予赡养和照顾，包括衣食、住宿、医疗等方面的供给和照料。特别是当家中老年人生病时，其子女、晚辈要悉心照顾，不能嫌弃更不能虐待老年人，要依照法律的义务和道德责任，保护老年人的合法权益。另一方面要在精神生活上给老年人以关心、体贴，使他们得到心理慰藉，充分享受天伦之乐。

养老护理员承担着照护老年人、为老年人服务的工作，任务光荣而艰巨。工作中不仅仅是给予老年人照顾和帮助，更肩负着老年人家庭、社会以及国家的重托。养老护理员在工作中要处处为老年人着想，在实际行动中体现以老年人为本的理念，从老年人的根本利益出发，满足其合理需要，切实保障其权益，让老年人体会到全社会对他们的尊敬和关怀。

二、孝老爱亲，弘扬美德

百善孝为先，德以孝为本。作为养老护理员，应该具有孝老爱亲的美德，对父母孝敬，对身边的老年人有爱心和耐心，工作中要细心、真诚、尊敬、呵护老年人，视老年人如亲人。养老护理员要成为孝老爱亲的传播者，中华民族优秀传统美德、社会公德、家庭美德的弘扬者和传承者，成为尊老、敬老、孝老、爱老、助老的引领者。

三、遵章守法，自律奉献

一名合格的养老护理员必须具有基本的法律意识，掌握相关的法律法规，同时正确认识自己的法律地位、权利和责任，做到知法、懂法、守法。在养老护理工作中要注意运用法律知识、增强法治观念、遵守法律规定、履行法律义务、杜绝违法犯罪行为。养老护理员还应该遵守社会公德，自觉维护公共秩序，遵守公序良俗，努力做到爱国守法、明礼诚信、团结友善、勤俭自强、敬业奉献。

自律奉献，要求养老护理员在为老年人服务的过程中要处处为老年人着想，严格要求自己，积极进取、精益求精，不断提高养老护理服务水平，摒弃一切不利于做好本职工作的思想和行为，自觉主动地在岗位上恪尽职守、尽职尽责。

四、服务第一，爱岗敬业

养老护理员所从事的工作是为老年人提供生活照护、基础照护、康复服务、心理照护等，要把为老年人提供优质服务作为第一要务，想老年人之所想，急老年人之所急，全心全意为老年人提供服务。

爱岗敬业是指养老护理员要有正确的择业观，要克服职业偏见。养老护理工作是平凡的，但又是社会不可或缺的。养老护理员要对自己的职业充满敬意，培养自己对工作岗位的深厚感情，树立"服务第一"的职业观，在工作中持续提升养老护理专业知识和技能，全心全意地为老年人服务。

模块 2　养老护理员岗位须知

养老护理是指在家庭、社区或养老机构从事以老年人生活照护、基础照护、康复服务、心理照护等为主要工作内容的护理服务。

世界卫生组织对老年人的年龄划分有两个标准：在发达国家，将 65 岁以上的人群定义为老年人；而在发展中国家，则将年满 60 周岁以上的人称为老年人。

一、职业须知

1. 人口老龄化

人口老龄化是指老年人人口占总人口的比例不断增长的一种动态过程。根据国际确定的划分标准，60 岁及以上老年人口占总人口比例超过 10%，则为老龄化社会或老龄化国家。根据我国第七次全国人口普查结果显示，我国 60 岁及以上人口占总人口的比例为 18.7%（其中 65 岁及以上人口占总人口的比例为 13.5%）。2022 年，国家卫生健康委员会同教育部、科技部等 15 个部门联合印发了《"十四五"健康老龄化规划》。其中提到，"十四五"时期，我国 60 岁及以上的人口占总人口比例将超过 20%，进入中度老龄化社会。

针对新时代人口老龄化的新形势、新特点，党中央、国务院立足中华民族伟大复兴战略全局，坚持以人民为中心，积极制定应对人口老龄化的国家战略，把积极老龄观、健康老龄化理念融入经济社会发展全过程，促进老年人养老服务、社会保障、社会参与、权益保障等统筹发展。不断健全养老服务体系，完善老年人健康支撑体系，构建老年友好型社会，促进老年人社会参与，推动老龄事业高质量发展。

2. 社区居家养老模式

在人口老龄化的背景下，很多地区提出了"9073"的养老居住政策，即90%的老年人接受居家或社区养老，7%的老年人接受社区日间照料和托老服务，3%的老年人入住养老机构。由此可见，中国大部分老年人的养老将由家庭和社区承担，这种背景下，社区居家养老模式应运而生。

社区居家养老模式是指政府和社会力量依托社区，为居家的老年人提供生活照料、家政服务、康复护理和精神慰藉等服务的一种养老模式。重点是以家庭为核心，以社区为依托，以专业化服务为手段，为居住在家的老年人提供生活照料、医疗保健和精神文化生活等社会化养老服务。

按照中国人的传统习惯，社区居家养老也是大多数老年人首选的养老方式，这种模式既可以满足老年人在家享受专业照护的需求，又可以解决其子女外出工作无法全身心照顾老年人的后顾之忧，还可以缓解政府在养老方面的支出压力。同时，也是加快发展服务业，扩大就业渠道和促进经济增长的重要途径，是对传统家庭养老模式的补充与更新，是发展社区服务、建立养老服务体系的一项重要内容。而养老护理员就是社区居家养老模式的核心组成部分。

二、从业须知

1. 从业者身体素质要求

随着老年人身体机能逐年退化、免疫系统防御功能降低、抵抗疾病能力减弱，导致其容易患各类疾病。养老护理员在工作时要与老年人近距离接触，应具有健康的身体、充沛的体力和积极的心理状态，患有肝炎、结核、HIV、梅毒等传染病的人不得从事养老护理工作；因养老护理工作任务烦琐、责任重大，患有精神类疾病、严重的心血管疾病、癫痫、肢体残疾以及行动不便者也不宜从事此项工作。

2. 从业者文化素质要求

养老护理员的工作是对老年人进行全面的生活照护、基础照护、康复服务、心理照护等，这就要求养老护理员要具备一定的文化素质，能说普通话、能识字；具备一定的学习能力以及良好的沟通表达能力等，能够为老年人提供全面照护。

3. 从业者心理素质要求

老年人因行动不便、长期患有疾病、退休丧偶等问题，容易出现抑郁、孤独、焦虑、自卑等心理，养老护理员要具备真诚、善良、热情、积极阳光的良好品质和健康的心理素质，能设身处地地体谅老年人，并带动老年人保持积极、阳光的生活心态。

三、服务礼仪

1. 仪表仪容

养老护理员应仪表端庄，衣着整洁、大方、美观。工作中着装应尽量选择舒适的面料，衣服上不宜有装饰品。不可浓妆艳抹，不可使用气味较浓的化妆品或香水。长发者需束发，用发网盘起。鞋袜要舒适，走路要轻巧。

养老护理员在工作中需与老年人密切接触，要保持口气清新、头发清洁、身体无异味。养老护理员应注重个人卫生，勤洗手、勤修指甲。尽量不要佩戴首饰，尤其是戒指、手表等。

2. 行为举止

（1）站姿优美：站立时要眼睛平视，下颌微收，两肩平行，双臂自然下垂，收腹挺胸，双膝微屈，两足分开或并立。

（2）坐姿规范：入座时要上身端正，膝盖和双腿轻轻并拢，两足并拢或稍微错开，给人以沉稳大方的感觉。

（3）走姿正确：走路时要抬头，挺胸收腹，两眼平视，手臂摆动自然，步伐轻盈，步态稳重。

3. 服务礼仪

养老护理员在从业过程中，要注重各项服务礼仪。与人见面时，要表现出友好的态度，注意打招呼、握手、鞠躬等礼节。

与人沟通时，要注重语言沟通规范，要礼貌用语、说话诚实、语速适中、表情自然、称呼得体。注意使用文明用语，必要时配合身体语言。

模块3 老化改变及护理要点

一、生理老化改变及护理要点

1. 运动系统老化改变及护理要点

（1）运动系统老化改变。

1）老年人骨骼中的有机物质减少，导致骨骼变形和骨质疏松。

2）老年人的关节软骨、关节囊等均会因老化发生退行性病变，关节活动范围缩小。

3）老年人的肌纤维萎缩、弹性下降，肌肉力量和敏捷度下降，最终导致老年人动作迟缓、笨拙、步态不稳等。

(2)运动系统护理要点:

1)患骨质疏松症的老年人每天钙的摄入量应为800~1 200 mg,维生素D的需求量每天为600~800 U,要鼓励老年人多摄入富含钙和维生素D的食物,多摄入蔬菜和水果。

2)为防止跌倒和损伤,应提醒老年人尽量避免弯腰、负重等行为,同时为其提供安全的生活环境和装束。

3)可通过帮老年人洗热水澡、擦背、按摩等促进其肌肉放松,缓解疼痛。

2. 呼吸系统老化改变及护理要点

(1)呼吸系统老化改变。

1)老年人的咽喉黏膜、肌肉发生退行性改变,防御反射迟钝,易导致吞咽功能障碍,发生呛咳、误吸甚至窒息。

2)老年人的有效咳嗽反射功能减弱,容易导致气道阻力增加,发生呼吸道感染和呼气性呼吸困难。

3)老年人的肺活量逐渐降低,气体交换能力减弱,容易发生肺部感染。

(2)呼吸系统护理要点。

1)老年人的居住环境要保持空气新鲜,温湿度适宜:冬季温度为18~24 ℃,夏季温度为24~26 ℃,湿度为50%~70%。

2)注意防寒保暖,鼓励老年人平时适当锻炼以增强身体抗病能力。

3)饮食中应注意让老年人多摄入新鲜蔬菜、水果、瘦肉、鱼肉等,尽量避免摄入过多油腻、辛辣等刺激性食物。

4)保证摄入足量的水分:无心、肾疾病的老年人每日饮水量应在1 500 mL以上,每日液体摄入量应保持在2 500~3 000 mL,足够的水分可以保证呼吸道黏膜的湿润和病变黏膜的修复,有利于痰液的稀释和排出。

5）告知老年人咳嗽时要轻捂嘴，将痰咳在纸巾上，避免病菌传播。养老护理员应注意观察痰液的颜色、性质和量。

3. 循环系统老化改变及护理要点

（1）循环系统老化改变。

1）随着人年龄的增长，心脏会逐渐增大，心脏瓣膜发生钙化，心肌细胞开始纤维化，容易引发心力衰竭。

2）老年人的心肌收缩力减弱，心脏泵血功能和心脏的神经调节能力降低，容易出现心律失常。

3）老年人的血管因弹性蛋白减少、胶原蛋白增加而失去原有的弹性，加上钙沉积于血管内膜导致管腔狭窄，易造成收缩压增加。冠状动脉血管以及脑血管的老化会使冠心病、脑血管意外等疾病发生率增高。

（2）循环系统护理要点。

1）应为老年人创造安静舒适的休养环境，不适的环境容易加重老年人头晕、头痛等症状。

2）冬季需注意保暖，避免寒冷的刺激影响血压。

3）限制老年人饮酒，鼓励其戒烟，避免吸入二手烟。

4）鼓励老年人每日摄入多种新鲜蔬菜、水果、粗粮、豆类及豆制品、鱼类、脱脂奶及其他富含不饱和脂肪酸的食物。患有高血压的老年人应限制其对食盐的摄入，每日摄盐量应低于 5 g。

5）根据老年人个人爱好和身体可承受状况，帮助其选择容易坚持的运动方式，每次运动以不感到劳累和心悸为宜。

6）老年人在日常生活中应避免情绪波动和应激，要保持心理平衡、精神愉快和生活规律，及时治疗焦虑、抑郁等精神疾病。

7）定时为老年人进行血压监测，并告知老年人应该达到的目标血压水平，若老年人感到任何不适，均须及时就医。

4. 消化系统老化改变及护理要点

（1）消化系统老化改变。

1）老年人的唾液腺分泌减少，口腔黏膜萎缩，易发生感染与损伤，常导致口干、说话不畅及吞咽困难等。

2）老年人的牙齿松动、脱落，咀嚼能力下降，味觉功能减退，易导致食欲下降。

3）老年人的食管黏膜逐渐萎缩，易引发不同程度的吞咽功能低下。

4）老年人的胃壁细胞数目减少，胃酸分泌减少，60岁以后将下降至正常水平的40%~50%，对细菌杀灭作用减弱，胃排空时间延长，代谢产物、毒素不能及时排出，容易引发消化不良、便秘、慢性胃炎、胃溃疡等。

5）由于老年人的肝功能减退，肝脏对药物的代谢能力与速度下降，易引起药物性不良反应的发生。

6）随着胰腺分泌胰岛素的生物活性下降，导致葡萄糖耐量降低，使老年人容易患老年性糖尿病。

（2）消化系统护理要点。

1）为老年人提供均衡的饮食，补充富含多种蛋白质、维生素及钙和磷的营养食物。

2）避免让老年人食用对胃黏膜有刺激的生、冷、酸、辣、硬食物以及粗纤维蔬菜，如韭菜、芹菜等。

3）患有胃食管反流病的老年人应进食易消化的食物，避免其进食咖啡、巧克力等易诱发反流的食物。胃食管反流病常有反酸、呃逆或伴返食，易使患者焦虑紧张；紧张、焦虑会增加胃酸分泌，是诱发和加重消化性溃疡的重要因素，养老护理员应指导和帮助老年人调整自身情绪，积极应对各种不适。

4）提高老年人的自我口腔保健能力和意识，指导老年人正确刷牙、正规剔牙、定期洁牙，定期进行口腔健康咨询和检查。对有义齿的老年人，应指导其保护桥基牙免受不良因素的刺激。

5）指导老年人规律生活，劳逸结合，选择适合的锻炼方式以提高其机体抵抗力，养成良好的饮食与卫生习惯。如发现老年人出现呕血、黑便等症状，上腹疼痛节律发生变化或加剧，应立即带其就诊。

5. 泌尿系统老化改变及护理要点

（1）泌尿系统老化改变。

1）老年人的肾脏质量减小，故肾脏功能在老年期会迅速下降，容易导致水钠潴留、药物蓄积中毒，甚至引起急性肾衰竭。

2）老年人的膀胱括约肌收缩无力，膀胱缩小，容易出现尿频、夜尿增多等情况，老年女性易出现压力性尿失禁，老年男性易出现前列腺退行性病变。

（2）泌尿系统护理要点。

1）老年人需多食用易消化、含粗纤维的食物，以防便秘引起腹压增高并导致前列腺出血。

2）嘱咐老年人多饮水，勤排尿，并忌饮酒及食辛辣、刺激性食物。对夜尿次数较多的老年人，应叮嘱其睡前少饮水，白天多饮水。

3）指导老年人勤排尿、不憋尿，避免尿路感染。护理老年人每日适当锻炼，增强体质，避免久坐。对于患前列腺增生的老年人，养老护理员应理解其因尿频、排尿困难所引起的身心痛苦，鼓励其树立治疗疾病的信心。

6. 内分泌系统老化改变及护理要点

（1）内分泌系统老化改变。

1）老化使老年人的下丘脑（老化钟）质量减小、血液供给减少、细胞形态发生变化，容易发生中枢调控失常。

2）因垂体的体积逐渐缩小，老年人易发生肌肉萎缩、脂肪增多和骨质疏松。

3）老年人甲状腺的质量一般会减轻，容易出现整体性迟缓、怕冷、毛发脱落、思维反应慢、抑郁等现象。

4）老年人的胰岛萎缩，释放胰岛素延迟，糖代谢能力降低，这也是老年人糖尿病发病率增高的原因之一。

（2）内分泌系统护理要点。

1）患糖尿病的老年人应合理控制总热量，定时定量进餐，戒烟限酒。

2）患甲状腺功能亢进症的老年人应少量多餐，以高热量、高蛋白、高维生素、易消化的食物为主。养老护理员应向老年人解释摄取多种营养素的重要性，避免老年人摄入过甜、过咸、过辣等刺激性食物。

3）患糖尿病的老年人应选择合适的有氧运动，如散步、打太极拳、慢跑等，每周不少于3次，每次保持运动30~60 min。一般应餐后1 h开始运动，运动要循序渐进，并随身携带糖尿病老年人身份识别卡和含糖饮料，以预防低血糖。

4）甲亢的老年人应根据日常生活习惯及所能接受的活动量，制订运动计划，活动应以不感到疲劳为度，可适当增加休息时间。

7. 神经系统老化改变及护理要点

（1）神经系统老化改变。

1）老年人的脑体积逐渐缩小，质量逐渐变小。50岁以后，人的脑细胞每年约减少1%，脑部某些功能降低，如体温调节能力下降等。

2）脑动脉粥样硬化和血脑屏障退化，易导致脑血管破裂、脑梗死、神经系统感染性疾病的发生。

3）脑内可见神经纤维缠结、类淀粉物沉积、马氏小体等改变，容易导致脑萎缩、认知功能障碍、帕金森等老年性疾病。

（2）神经系统护理要点。

1）做好老年人清洁卫生的护理，对长期卧床等活动受限的老年人，要注意压力性损伤的预防。

2）对有记忆障碍的老年人，应多与其交流且耐心倾听和解释，可借助卡片、图片等工具训练老年人的记忆。

3）对神经系统退化影响到日常生活能力的老年人，要注意尽量按其过去的习惯安排生活，尽可能让其多做如自行穿衣、洗漱、如厕等日常生活自理能力的训练，并注意保护老年人的安全。

4）准备易消化、营养丰富的食品。在老年人进食时，尽量保持环境安静，以免老年人因分心造成呛咳、窒息。对于不能自行进食的老年人，喂食速度不宜过快，要给予老年人足够的咀嚼时间。

5）对于患有帕金森病的老年人应为其安排高热量、高维生素、高纤维素、低盐、低脂、适量优质蛋白的易消化饮食。老年人进食或饮水时，应保持坐位或半坐位。

6）若老年人有咀嚼和吞咽功能障碍，应选用稀粥、蒸蛋等不易反流的食物；对于患有脑梗的老年人，其饮食应以软食为主，忌坚硬、油炸类食物。

7）对于下肢行动不便、起坐困难的老年人，应配备高位坐厕、床铺护栏、走道扶手等必要的辅助设施。为老年人提供无鞋带的鞋子，将生活日用品放在其伸手可及处，以方便使用。

8）养老护理员要关心爱护老年人，指导家属用合适的方式与老年人沟通，帮助老年人摆脱焦虑、抑郁、绝望等不良心理，树立信心，积极配合治疗。

8. 感觉器官老化改变及护理要点

（1）感觉器官老化改变。

1）皮肤的老化是最早且最容易观察到的征象。

2）40岁以后，眼睛晶状体的调节功能和聚焦功能开始逐渐减退，视近物能力下降，出现老视。

3）50岁以后，听力开始下降，主要为高频听力下降、言语识别率降低等，出现老年性耳聋。

4）味觉功能减退、嗅觉和触觉敏感性降低。

（2）感觉器官护理要点。

1）老年人的居住环境要保持安静、清洁、舒适，做好地面防滑，合理使用床栏，加强安全护理，以防止跌倒、坠床。

2）指导老年人在生活中避免剧烈运动，避免过度劳累，坚持锻炼身体，保持充足的睡眠。

3）为老年人提供清淡易消化、维生素和蛋白质丰富的饮食，避免吃辛辣、刺激性食物。戒烟、酒。

4）为老年人滴眼药水时，应让其保持平卧，以防药物交叉流入侧眼，注意勿压迫眼球。对于患有白内障的老年人，更应注意用眼卫生，避免过长时间用眼看书、看手机等，避免阳光下用眼。如老年人有远视、近视或散光等异常现象，应及时佩戴眼镜。

5）若老年人患有老年性耳聋，应教会其按摩耳朵以增加耳膜活动，促进局部血液循环，防止听力下降。具体方法是用手掌按压耳朵和用手指按压、环揉耳屏，每日3~4次。如需要佩戴助听器，养老护理员应指导老年人及其家属助听器的正确使用方法。

二、心理老化改变及护理要点

大量研究表明，老年期的心理会伴随生理功能的减退而出现老化，使某些心理功能或心理功能的某些方面出现下降、衰退，而另一些心理功能或心理功能的某些方面仍趋于稳定，甚至产生新的适应代偿功能，从而使老年人从整体上能适应良好。

1. 老年人的心理特点

（1）感知觉的变化。老年人的感觉器官功能慢慢衰退，会引起视空间能力减退,视、听、嗅觉能力下降,这些都会给老年人的生活和社交活动带来诸多不便。如:因听力下降,容易漏听、误听、误解他人的意思,出现敏感、猜疑,甚至产生心因性的偏执观念。老年人的知觉一般尚能保持,但容易发生定向力障碍,影响其对时间、地点和人物的辨别。

(2)记忆力的变化。大部分记忆,如工作记忆、短期记忆、情境记忆等都从25岁左右开始出现衰退,其中情境记忆对老化最敏感。老年人的记忆变化特点是有意记忆为主,无意记忆为辅;近事容易遗忘,而远事记忆尚可;再认能力尚可,回忆能力相对较差,有命名性遗忘。记忆与人的生理因素、健康状况、记忆训练、社会环境等均相关。

(3)智力的变化。随着年龄的增长,老年人的智力呈逐渐下降的趋势,高龄老年人下降更为明显。大量研究证实,智力与年龄、受教育程度、自理能力等有密切关系。

(4)思维的变化。由于老年人记忆力、视力和听力的减退,疲劳及认知过程的延缓,无论在概念形成、解决问题的思维过程,还是创造性思维和逻辑推理方面都会受到影响;语言表达能力下降,表现为说话不利落、话到嘴边说不出、翻来覆去讲同样的话等。

(5)人格的变化。人格主要是指人的性格、兴趣爱好、倾向性、价值观、才能和特长等。人到老年期,人格会逐渐发生相应的改变,由于记忆力减退,说话会变得唠叨,再三叮嘱,总怕别人和自己一样健忘;学习新事物的能力降低,故多数老年人喜欢根据经验办事,显得保守、固执、刻板,因把握不住现状而易产生怀旧的心理和发牢骚等;对健康和经济过分关注与担心,易产生不安与焦虑。

(6)情感与意志的变化。老年人的情感和意志因其社会地位、生活环境、文化素质的不同而存在较大差异。老化过程中情感活动是相对稳定的,即使有变化也是生活条件、社会地位变化所造成的,并非年龄本身所决定。

2. 护理要点

（1）日常护理。

1）为老年人提供舒适安全的环境，保持室内适宜的温湿度，有利于维持和促进老年人身心健康。

2）协助老年人保持规律的生活作息，白天进行适当的娱乐活动与体育锻炼，尽量减少白天睡眠时间；夜晚入睡前可喝热牛奶，用热水泡脚或洗热水澡，睡前避免情绪激动。

3）根据老年人的情况进行针对性饮食护理。对于食欲减退或年老体弱者，应为其准备高蛋白、富含维生素、易消化的饮食，既要保证营养成分的供给又要注意食物的色香味，以促进食欲。

4）对于服用抗精神药物产生锥体外系不良反应的老年人，应密切观察，防止噎食的发生。

（2）心理护理。

1）养老护理员应尊重和爱护老年人，态度和蔼，言语亲切，根据不同的老年人提供不同的心理护理措施。如对待抑郁的老年人，应做好心理疏导，鼓励老年人抒发自己的想法，帮助其学习新的应对技巧；对于躁动的老年人，应充满爱心、耐心，尽量避免刺激老年人；对于患有失智症的老年人，则应以多陪伴、多关心、多开导为主，维护老年人的自尊。

2）通过引导老年人回顾以往的生活，重新体验过去的生活片段，并给予全新的解释，从而协助老年人获得更强的心理认同感及情感力量。

（3）对症护理。

1）密切观察老年人心理、行为和行动的变化，多观察其意识、生命体征、各种异常的症状及言行表现，及时发现老年人心理精神疾病的相关症状，并反馈给医护人员。

2）患有老视的老年人要佩戴度数合适的眼镜或使用放大镜，看适宜的电视节目；患有耳聋的老年人应戴助听器，听喜欢的音乐或广播、新闻节目等养老护理员可将房间内的光线控制在柔和状态，减少周围的噪声等，避免老年人感觉超负荷。

3）帮助老年人学会制作清单，将需要完成的事情列成一份清单，或在日历上对重要的事情进行标记。必要时，可以让老年人写一些便笺以自我提醒。

4）帮助老年人进行记忆训练。如遇到一个新朋友时，尝试将新朋友的名字与一个常见事物或容易记住的事情相联系，减缓认知减退的速度。帮助老年人学会借助一些辅助用具加强记忆，如借助智能药盒以正确服用药物等。

（4）安全护理。对于自知力、定向力不完善的老年人，应为其提供较为固定的生活环境。老年人在外出时，应佩戴写有联系人姓名和联系方式的应急联系卡。做好老年人的日常生活护理，将有毒、有害物品等放在隐蔽处，防止老年人跌倒、烫伤、自伤或伤害他人等意外发生。

对于居家照护的老年人，起居室门口应足够宽，不设置门槛，以方便轮椅通过。室内地板应选用防滑材料，不要铺地毯，地板上不能有电线穿过。条件允许的情况下，为老年人添置适老化家具，如升降衣柜、升降餐桌、助浴设备等。

在日常护理过程中，养老护理员要及时识别老年人的自杀倾向，对于有抑郁或自杀观念的老年人，实行24小时看护，严格交接班，并给予心理上的支持，必要时经解释后对其予以约束，以避免意外的发生。对于情绪激动的老年人，养老护理员要保持镇定，尝试转移老年人的注意力。

（5）健康指导。加强对老年人的健康教育，引导老年人积极预防并及时治疗疾病；鼓励老年人积极锻炼身体，培养其晚年兴趣爱好。如书法、手工、唱歌、跳舞等。帮助老年人创造新的社会角色和互动,积极乐观地对待生活中发生的各种事件。

帮助老年人与其家属、朋友保持良性互动,鼓励其家庭成员加强与老年人的交流,尽量在精神层面满足老年人的心理需求,增强其心理满足感。帮助老年人正确认知老化、衰老、死亡等人生自然规律,消除其恐惧感和无助感。

三、社会功能老化改变及护理要点

随着年龄的增长,老年人的社会健康状况以及社会功能会发生老化改变,具体包括角色功能、生活环境、家庭以及文化四个方面。

1. 社会功能老化改变

(1) 角色功能。角色功能是指个人在整个社会系统中所形成的与其社会地位相关联且符合社会要求的一套个人行为模式。老年人的社会角色随着其年龄的不断增长以及社会地位的不断变化而发生改变,主要体现在以下两个方面。

1) 老年人层面:随着年龄的增长,老年人进入退休阶段或者由于体力减退逐渐停止工作,从忙碌的工作角色进入闲暇的退休角色,老年人可能因为无法适应目前的退休生活而产生精神空虚感。部分老年人选择机构养老的方式,但性格内向的老年人难以主动与他人进行交往沟通,可能会出现自我封闭状态;性格外向的老年人在集体生活中容易与他人发生矛盾,同样可能出现消极的心理状态。

2) 家庭层面:老年人离开工作岗位后,家庭成为其主要的生活场所。此时,多数老年人已子孙满堂,需要帮助照料孙辈,其家庭角色增加了祖父母的角色。同时,由于老年人年纪渐长,从过去整个家庭的主导角色转变为依靠子女的次要角色,话语权和满足感也随之削弱,老年人可能会感到沮丧和失落,对未来的生活失去信心并感到迷茫。若其配偶去世,则要从配偶角色转变为单身角色,这可能会使其陷入悲伤,甚至出现轻生的消极想法。

（2）生活环境。老年人的健康与其生存的环境存在联系，如果环境因素的变化超过了老年人的调节范围和适应能力，就会诱发疾病。老年人的生活环境分为物理环境和社会环境。

1）物理环境：指个人居家环境和社区周边环境。随着人口老龄化的出现、社会经济的发展、居住条件的改善以及居住观念的改变，"空巢"老年人日益增多，很多老年人需要进行独居生活。但随着养老机构的发展和机构居住条件的不断改善，许多老年人选择入住养老机构生活。

2）社会环境：老年人的经济状况、社会关系和社会支持容易发生改变。首先，部分老年人会因退休、固定收入减少、给予经济支持的配偶去世等因素而导致经济状况变差，可能会使其失去家庭、社会地位或者生活的独立性，从而对其健康造成很大的影响。其次，退休、居住环境改变等因素会对老年人固定的人际关系网络产生影响。

（3）家庭。家庭环境以及家庭成员对老年人的身心健康及生活质量有重要的影响。当家庭结构完整、家庭成员关系和睦时，老年人的身心健康水平能够得以促进和维持。反之，则会给老年人带来精神压力，不利于其自身的健康。

（4）文化。价值观、信念、宗教信仰以及风俗习惯等方面决定着老年人对于生老病死的看法，对其健康观念、就医与接受用药治疗的态度等方面产生影响。相较于年轻人，老年人更需要家人的陪伴以及与他人的交流。因此，当身处陌生的环境，如医院时，老年人会更容易焦虑并产生孤独感。

2. 护理要点

（1）帮助老年人适应角色的变化。养老护理员可以提供个别辅导或通过组织小组交流，帮助老年人正视自身价值并形成正确的认知，使其意识到"老有所为"。小到自我照顾，大到以己之长服务大众，让老年人意识到他们可以从不同的层面为家庭和社会作出贡献。

为老年人提供参与社会或社工活动的平台，如鼓励老年人参与社区组织的文体活动、进入老年大学学习等，帮助老年人培养新的兴趣爱好和组建新的人际关系网络，开启老年生活的新阶段。还可以鼓励老年人参与一些志愿服务活动，让老年人继续发挥余热、服务社会，帮助老年人充实日常生活，实现自我价值。

（2）提供舒适的生活环境。对老年人的居家环境安全因素进行评估，根据评估结果发现存在的不安全因素并进行改进，防止老年人跌倒、摔伤等意外的发生，提高居家环境的安全指数。

（3）维护健康的人际关系。鼓励家庭成员与老年人之间多沟通交流，进行适宜的情感表达与显露，形成家人之间相互帮助的支持系统，营造和谐亲密的家庭氛围，从而提升老年人的幸福感和满足感；提供咨询交流的平台与途径，倾听并帮助老年人解决人际交往中的问题，构建良好的社会关系形态，完善老年人的社会支持系统，从而提高老年人的生活质量。

（4）注重文化信念的影响。定时予以健康知识宣教，帮助老年人树立正确的健康价值观以及健康信念，摒弃不正确、不科学的健康观念，促进健康行为的形成和维持。尊重老年人的个人生活习惯及宗教信仰，不加以评判也不加以干涉，为老年人制订护理措施及健康计划时，充分考虑风俗习惯及宗教信仰对其信念和行为的影响。

模块 4　与老年人沟通

一、语言沟通

1. 面对面的语言沟通

随着年纪渐增以及社会活动的减少，老年人可能会变得比较内向,从而影响其语言表达能力,甚至可能会感到寂寞和沮丧。此时,养老护理员应为老年人提供适当的自我表达的机会,并及时予以鼓励。尊重并适应老年人喜欢发问、表达重复的语言沟通特点,予以耐心柔和地应答。对于听力下降的老年人,养老护理员必须注意自己的声音要高但语调要柔和。除此之外,还应尽可能选择老年人熟悉的方言,并酌情选用一些有年代特色的用语以激发老年人的兴趣。

2. 电话或网络沟通

利用电话或网络可适度解决时空距离所带来的沟通困难,还可以提供咨询、心理疏导等帮助。老年人若存在听力障碍、失语症或定向力混乱,在进行电话或网络沟通时,需要特别耐心并酌情采用有效的方法,例如,语句简短、语速放慢、尽可能咬字清楚以及酌情重复。可鼓励听力困难的老年人选择并安装扩音设备;请失语的老年人以其特殊的回应方式确认是否听懂,如敲打听筒、键盘以表示接收到信息;对于患有认知功能障碍的老年人,应在开始沟通时明确介绍访问者以及此次电话访问的目的。

3. 书面沟通

对于识字的老年人,结合书面方式进行沟通可发挥提醒的作用,也可提高老年人对健康教育的依从性。但在与老年人进行书面沟通时,要注意选择较大的字号,且文字颜色应与背景色对比度较高;对关键的词句应加以强调和重点说明(如选用不同的字体、颜色等);用词要浅显易懂,尽可能使用非专业术语;可运用简明的图表或图片来解释必要的过程;合理运用小便笺,如在小卡片上列出每日该做的事,并且贴于常见的地方以防记错或遗忘。

二、非语言沟通

非语言沟通对于因认知障碍而逐渐无法顺利与人沟通的老年人

来说极其重要。但同时必须明确：老年人可能因其功能障碍而较为依赖非语言沟通，但并非意味着其心理认知状态也退回孩童阶段，所以要避免做出拍抚其头部等让老年人感觉不被尊重的动作；要尊重与了解老年人的个性和社会文化背景，以免影响沟通效果；注意观察老年人对何种沟通模式反应良好，并予以强化和多加运用。

1. 触摸

触摸可表达触摸者对老年人的关爱，而触摸他人或物体则可帮助老年人了解周围环境。然而，若使用不当，可能会促使老年人躁动或让老年人感觉自己的尊严被触犯等。因此在使用该沟通模式的过程中要注意以下事项：

（1）尊重老年人的尊严以及其社会文化背景。若必须进行的触摸会涉及老年人的隐私，应事先得到其允许，且应注意不同社会文化背景下的触摸礼仪存在一定差异。

（2）事先确定老年人知道触摸者的存在。部分老年人因为视力、听力渐进丧失，常容易受到惊吓，所以应尽量选择从其功能良好的一侧开始接触，绝不要突然从其背后或暗侧给予触摸。

（3）选择适宜的触摸位置。最易被接受的部位是手，其他适宜的部位有手臂、背部与肩膀，头部则一般不宜触摸。

（4）渐进地开始触摸并持续观察其反应。例如，从单手握老年人的手到双手合握，在触摸过程中要观察老年人的面部表情和被触摸的部位是松弛（表示接受且舒适）还是紧绷（表示不舒适）的，身体姿势是退缩的（向后靠）还是接受的（前倾），这些反应都可为养老护理员的下一步措施提供依据。

（5）注意保护老年人易破损的皮肤。可适当为老年人涂抹乳液。动作应轻柔，尤其要避免使用拉扯等动作。

（6）适当地接受老年人的触摸。养老护理员应学习适当地接受被老年人用手抚摸头发、手臂或脸颊以表达谢意，而不要一味地以老年人为触摸对象。

2. 身体姿势

当言语无法准确交流时，养老护理员可适时有效地运用身体姿势进行辅助表达。当养老护理员与听力下降的老年人沟通时，要面对老年人，以利于其读唇，并加上缓和、明显的肢体动作来有效地辅助表达；对于使用轮椅代步的老年人，注意不要俯身或利用轮椅支撑身体来进行沟通，而应选择坐或蹲在其旁边，并使双方眼睛处于同一水平线，以利于平等地交流与沟通。同样，若老年人无法用口头语言表达清楚时，可鼓励他们以身体语言来辅助表达，以利于双向沟通。

日常生活中能有效强化沟通内容的身体姿势包括：挥手问好或再见；伸手指出物品所在地、指认自己或他人；模仿和加大动作以表示日常功能活动，如洗手、刷牙、梳头、喝水、吃饭；手臂放在老年人肘下或让老年人的手轻勾养老护理员的手肘，协助其察觉要他同行的方位等。

3. 倾听及眼神交流

耐心地倾听非常重要，特别是有些老年人有强烈的倾诉需求或是听到自己的声音时会有安全感，因此可能会喜欢一直说话。在与老年人沟通的过程中，养老护理员应注意应和的声音要略低沉平缓且适度热情，可倾身向前以表示对话题有兴趣，但是注意不要让老年人有身体领域被侵犯的不适感，必要时可适当夸大面部表情以传达惊喜、欢乐、担心、关怀等情绪。另外，要注意保持目光的交流，尤其是对患有认知障碍的老年人，往往因知觉缺损而对所处情境难以了解，因此养老护理员需与其保持亲切、自然的眼神交流，必要时可正面触摸老年人以吸引其注意力。

模块 5 《中华人民共和国老年人权益保障法》相关知识

《中华人民共和国老年人权益保障法》(以下简称《老年人保障法》)是为保障老年人合法权益,发展老龄事业,弘扬中华民族敬老、养老、助老的美德而制定的法律。它是我国历史上第一部专门保护老年人权益的法律,于 1996 年 8 月 29 日经第八届全国人大常委会第二十一次会议通过,并于当年 10 月 1 日开始实施的。该法历经 2012 年修订,2009 年、2015 年、2018 年三次修正,主要从以下三个方面对老年人的权益保障进行了说明和规定。

一、老年人在家庭中的权益和保障

我国老年人绝大多数生活在家庭中,经济来源和生活照料主要靠赡养人和抚养人提供。在今后较长时期内,大多数老年人仍主要由家庭成员进行赡养和抚养。从这一实际情况出发,该法第二章家庭赡养与扶养,对有关问题进行了具体规定,体现了中国特色。该法规定,赡养人应当履行对老年人经济上供养、生活上照料和精神上慰藉的义务,照顾老年人的特殊需要。对老年人在家庭生活中的受赡养扶助权、人身权、婚姻自由权、房产和居住权、财产权和继承权等,该法都作了明确规定。考虑到赡养人的配偶(主要是指老年人的儿媳和女婿)对赡养人履行义务所持的态度至关重要,该法规定,赡养人的配偶应当协助赡养人履行赡养义务。

二、老年人在社会生活中的权益和保障

《老年人保障法》对老年人在社会生活中应享有的特殊权益作了

规定，涉及老年人生活、医疗、居住、婚姻、社区服务、教育、文化环境与福利等诸多方面的权益。明确要发展和完善老年社会保障制度，并形成良性运行机制，如该法中规定："国家通过基本养老保险制度，保障老年人的基本生活。""国家对经济困难的老年人给予基本生活、医疗、居住或者其他救助。老年人无劳动能力、无生活来源、无赡养人和扶养人，或者其赡养人和扶养人确无赡养能力或者扶养能力的，由地方各级人民政府依照有关规定给予供养或者救助。对流浪乞讨、遭受遗弃等生活无着的老年人，由地方各级人民政府依照有关规定给予救助。""国家建立和完善老年人福利制度，根据经济社会发展水平和老年人的实际需要，增加老年人的社会福利。国家鼓励地方建立八十周岁以上低收入老年人高龄津贴制度。""国家鼓励慈善组织以及其他组织和个人为老年人提供物质帮助。"

三、关于法律责任和处理程序

老年人由于年老体弱，有的行动不便，有的视力、听力、口头表达能力变差，有许多老年人在其合法权益受到侵害后，自己无法直接到有关部门提出处理要求或直接到法院提起诉讼。为了维护自己的合法权益，老年人可以委托代理人代为向有关部门提出处理要求或代为提起诉讼。所谓代理，是指代理人在代理权限内，以被代理人的名义办理直接对被代理人产生权利义务后果的法律行为或其他有法律意义的行为。

老年人在合法权益受到侵害后，为维护自己的合法权益，有两条途径可供选择，一是可以要求有关部门解决，如老年人与家庭成员因赡养、抚养或者住房、财产等发生纠纷，可以申请人民调解委员会或者其他有关组织进行调解。二是可以直接向人民法院提起诉讼。人民法院和有关部门应当对老年人的诉讼和要求依法及时受理，不得推诿、拖延。

《老年人保障法》第五十六条规定，老年人因其合法权益受侵害提起诉讼，交纳诉讼费确有困难的，可缓交、减交或者免交。诉讼费用缓、减、免制度，体现了国家对有实际困难的老年人的照顾，使老年人不会因缴纳诉讼费用确有困难而影响对其合法权益的保护。

在现实生活中，有些部门把家庭成员侵犯老年人合法权益视为家庭纠纷，在处理时从轻或不处理。据此法规定，赡养人和其他家庭成员有虐待、遗弃老年人，暴力干涉老年人婚姻自由，或有抢夺、盗窃老年人财物等违法行为的，视其情节轻重分别追究行政或刑事责任。这就把维护老年人的合法权益从社会关系中引入到家庭关系中，既符合社会发展的现实状况，又有利于更全面地保障老年人的合法权利。

第2单元 生活照护

模块1 老年人饮食照护

一、老年人饮食指南

随着老年人生理功能的下降,如代谢能力下降、呼吸功能衰退、心脑功能衰退、视觉和听觉及味觉等感官反应迟钝、肌肉衰减等情况的出现,老年人摄取、消化食物和吸收营养物质的能力受到较大影响,易出现蛋白质、微量营养素摄入不足,发生消瘦、贫血等问题,导致身体抵抗力降低,患病的风险增加。

目前我国空巢、独居的老年人数量不断增加,他们的社会交往减少。养老护理员应鼓励老年人积极参与食物的采购和制作,与家人、亲朋好友一起进餐,享受食物美味,体验快乐生活。养老护理员应为老年人提供易于消化、吸收且富含优质蛋白的动物性食物和豆制品等丰富的食物。

老年人饮食指南如下:

1. 食物品种丰富,合理搭配

一日三餐的食物要品种全、种类多,包括谷薯类、蔬菜水果类、动物性食物类、大豆坚果类等,老年人每天应摄入不同品种的食物达12种以上,每周达25种以上(烹调油和调味品不算在内)。

主食除了常吃的米饭、面条、馒头、花卷，还可以选小米、玉米、荞麦、燕麦等各种杂粮谷物，红薯、紫薯、马铃薯也可作为主食。

老年人每天应食用不同种类的蔬菜和水果，要注意多选用深色叶菜类，如油菜、青菜、菠菜、紫甘蓝等；水果中某些维生素及微量元素的含量与新鲜蔬菜不同。所以，蔬菜不能替代水果。

动物性食物包括禽类（鸡、鸭、鹅、鸽子）、畜类（猪、牛、羊）、水产品（鱼、虾、贝）等，进食的动物性食品应品类丰富。在制作动物性食物时，可以与蔬菜搭配，比如西红柿炒鸡蛋、土豆炖牛肉等。

2. 摄入足够量的动物性食物和豆制品

动物性食物富含优质蛋白质，微量营养素的吸收率高、利用率高，有利于预防老年人贫血的发生、延缓肌肉衰减。动物性食物的摄入总量应争取达到平均每日 120~150 g，并应选择不同种类的动物性食物，其中鱼 40~50 g，畜禽肉 40~50 g，蛋类 40~50 g。各餐都应有一定量的动物性食物，食用畜肉时，尽量选择瘦肉，少吃肥肉。

鼓励老年人尝试适合自己体质的奶制品，如鲜奶、酸奶、奶粉等，并坚持长期食用。推荐的食用量是每日 300~400 mL 牛奶或蛋白质含量相当的奶制品。

每日可以食用豆腐、豆腐干、豆皮、豆腐脑、黄豆芽及豆浆等不同形式的豆制品，以保证摄入充足的豆制品，每天平均达到相当于 15 g 大豆的总量水平。

3. 营造良好氛围，鼓励老年人共同制作和分享食物

制作和分享食物是改善、调整心理状态的重要途径，有利于帮助老年人保持积极、乐观的情绪。养老护理员应鼓励老年人一同挑选、制作、品尝、评论食物，让他们对生活有新认识，并能够感受到来自他人的关心与支持，保持良好的精神状态。

4. 努力增进食欲，享受食物的美味

养老护理员要鼓励老年人积极参加群体活动，保持乐观的情绪；在确保安全的前提下，引导老年人适度增加身体活动量，增强身体对营养的需求，提升进食欲望。养老护理员应采取不同的烹调方式，丰富食物的色泽、味道，增加食物本身的吸引力；应科学宣传食物在维护生命健康方面的作用，让老年人更多地体验不同种类食物的美好滋味，心情愉悦地享受晚年生活。

5. 合理营养是延缓老年人肌肉衰减的主要途径

建议老年人每日蛋白质摄入量为每千克体重 1.0~1.2 g，每日三餐都应有动物性食物，如早餐可食用鸡蛋、牛奶、豆类等，中餐、晚餐可食用畜肉、禽肉、鱼、蛋、大豆及豆制品等。

有研究表明脂肪酸、维生素 D、维生素 C、维生素 E、类胡萝卜素、硒等抗氧化营养素都有益于延缓肌肉衰减。因此，应增加摄入富含 n-3 多不饱和脂肪酸、维生素 D 的海鱼类食物、蛋黄，并食用一定量的动物肝脏。鼓励老年人多食用深色的蔬菜和水果以及豆类等富含抗氧化营养素的食物。

6. 及时测评营养状况，纠正不健康饮食行为

养老护理员应鼓励老年人关注自己的饮食，定期对营养状况进行自我测评；定期测量体重，以体重指数（BMI）作为判断标准，BMI 在 $20.0~26.9 \text{ kg/m}^2$ 最为适宜，如果在短时间内体重出现较大波动，应及时查找原因，进行调整。另外，养老护理员还应记录一下老年人的饮食情况，看看进食的食物种类是否丰富，尽可能达到每天 12 种食物，每周 25 种食物。

对于患有多种慢性病、身体功能明显变差的老年人来说，由于活动受限且需要接受医学治疗，老年人有着特殊的营养需求，应该接受专业的营养不良风险评估、评定，接受医学营养专业人员的指导，科学精细调控饮食，做好疾病治疗与康复中的营养支持。

二、老年人饮食种类

根据老年人的饮食需要、咀嚼功能、消化功能及身体状况，将老年人基本饮食分为普通饮食、软质饮食、半流质饮食、流质饮食，详见表2-1。

表2-1　　　　　　　　　老年人基本饮食种类

饮食种类	适用范围	饮食原则
普通饮食	消化功能正常，体温正常的老年人	一日三餐，营养平衡、易消化、无刺激性的一般食物
软质饮食	咀嚼不便、消化功能不好的老年人	每日3~4餐，以软烂、无刺激性、易消化的食物为主，如软饭、面条等。菜和肉应切碎、煮烂
半流质饮食	发热、吞咽咀嚼困难、手术后的老年人	每日5~6餐，少量多餐，无刺激性、易于咀嚼和吞咽的食物，食物呈半流质状态，如粥、鸡蛋羹、豆腐、馄饨、挂面等
流质饮食	进食困难、高热，患有口腔疾病、急性消化道疾病、危重病的老年人	每日6~7餐，食物呈液体状，如奶类、米汤等

当老年人患有疾病时，通过合理的调配饮食和恰当的供给途径，既可以满足老年人对热能和各种营养素的需求，又可以达到辅助治疗的目的，称之为治疗饮食，详见表2-2。

表2-2　　　　　　　　　治疗饮食种类

饮食种类	适用范围	饮食原则
高热量饮食	适用于热能消耗较高的老年人，如甲亢、烧伤、高热患者等	在基本饮食的基础上，加餐2次高热量的食品，如牛奶、豆浆、鸡蛋、蛋糕等

续表

饮食种类	适用范围	饮食原则
高蛋白饮食	适用于长期患有消化性疾病、严重贫血、烧伤、大手术后及癌症晚期的老年人	增加蛋白质的摄入量,每日摄入 90~120 g,如食用肉、蛋、鱼、豆制品等
低蛋白饮食	适用于患有急性肾炎、尿毒症、肝性脑病的老年人	每日蛋白质总摄入量控制在 40 g 以下
低盐饮食	适用于患有肾炎、心脏病、肝硬化伴腹水、重度高血压,但水肿较轻的老年人	每日食盐摄入量不超过 2 g,禁食腌制食品,如咸菜、皮蛋、火腿、咸肉、香肠等
无盐饮食	适用于患有肾炎、心脏病、肝硬化伴腹水、重度高血压,但水肿较重的老年人	忌食用盐,可用其他调味品调味
低脂肪饮食	适用于患有肝胆胰疾患、冠心病、动脉硬化、高脂血症、肥胖症及腹泻的老年人	每天脂肪摄入量低于 50 g,少用油,禁食肥肉、蛋黄、动物脑等
低胆固醇饮食	适用于患有高胆固醇血症、高脂血症、动脉硬化、冠心病的老年人	每天胆固醇摄入量低于 300 mg,禁食动物内脏和脑、鱼籽、蛋黄、肥肉等
低嘌呤饮食	适用于患有痛风、高尿酸血症的老年人	禁食海鲜、啤酒、豆制品、动物内脏等
高膳食纤维饮食	适用于便秘、肥胖、患有高脂血症、糖尿病的老年人	选择食用含膳食纤维多的食物,如韭菜、芹菜、粗粮、豆类等
少渣饮食	适用于患有伤寒、肠炎、腹泻、食管静脉曲张的老年人,以及咽部手术、胃肠道手术及盲肠肛门手术后的老年人	少食用膳食纤维多的食物,如韭菜、芹菜等;不食用刺激性调味品及坚硬、带碎骨的食物

三、照护老年人进食进水

1. 老年人进食体位的选择

若老年人能够完全自理或上肢功能较好,尽量采取坐位进食;

若老年人病情危重或完全卧床,可采取半卧位,头偏向一侧进食。避免老年人平卧进食,以免食物反流进入呼吸道引起呛咳、误吸、噎食、窒息等意外的发生。

2. 老年人进食的观察要点

(1) 进食时间。根据老年人的生活习惯,合理安排进食时间。一般早餐时间为上午 7—9 时,午餐时间为中午 11—12 时,晚餐时间为下午 5—7 时。

(2) 进食频次。应保证老年人一日三餐正常摄食,为了适应其肝糖原储备减少及消化吸收能力降低等特点,可在两餐之间为其补充少许水果、坚果或奶制品。

(3) 进食量。根据老年人在上午、下午、晚上的活动量,均衡地分配其一日三餐的进食量,并尊重老年人的生活规律及喜好。

(4) 进食速度。老年人进食速度宜慢,有利于对食物的消化和吸收,同时预防其在进食过程中发生呛咳或噎食。

3. 照护老年人进食

(1) 进餐前准备。

1) 餐前半小时,开窗通风,协助老年人如厕,告知老年人即将进餐。

2) 清洁餐桌,准备餐具和餐巾。

3) 向老年人介绍本餐的主食、菜肴和汤羹。

(2) 餐中服务。

1) 鼓励老年人自己进食,养老护理员从旁协助;若老年人身体状况不允许,由养老护理员喂食。

2) 先协助老年人喝汤,湿润口腔和胃肠道。

3) 饭菜应温度适宜,放在易被夹取的位置,如图 2-1 所示。

4) 养老护理员喂食时,要先将食物送到老年人嘴边,再让老年人张嘴。

5）喂食过程中，要时常询问老年人的感受，并根据老年人的反馈及时进行调整。

（3）餐后辅助。

1）收拾餐桌，撤走餐具。

2）协助老年人擦嘴、漱口、洗手，可让老年人适当活动，以帮助其消化。

3）整理用物，清洗、消毒餐具，清洁地面。

4. 照护老年人进水

（1）协助老年人取坐位或半卧位，洗净双手。

图 2-1　照护老年人进食

（2）茶杯内盛装 1/3~1/2 满的温开水（触及杯壁时感觉温热不烫手），准备吸管、汤匙及小毛巾。

（3）协助饮水：叮嘱老年人饮水时身体坐直或稍前倾，小口饮用，以免呛咳。

（4）养老护理员给不能自理的老年人喂水时，可借助吸管饮水，如图 2-2 所示；养老护理员使用汤匙给老年人喂水时，水量应为汤匙的 1/2~2/3，确认老年人吞咽后再喂下一口。

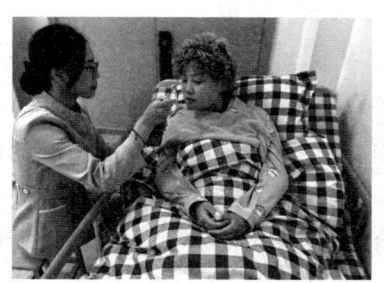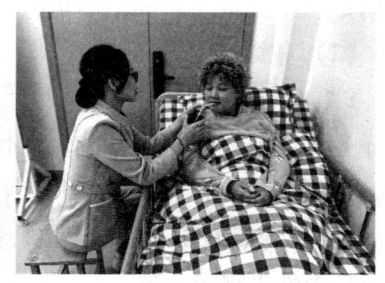

图 2-2　照护老年人饮水

（5）老年人喝水结束后，应保持原有体位片刻，不宜立刻躺下，以防反流。

四、鼻导管喂食

鼻导管喂食又称鼻饲，是将胃管经一侧鼻腔插入胃内，向其中灌注流质食物、水分和药物的方法。鼻导管喂食主要适用于病情危重、存在消化功能障碍、不能经口进食或不愿经口进食的老年人，为保证其营养的摄取、消化和吸收，维持细胞的代谢，保持组织器官的结构并修复组织，促进康复而采取的特殊饮食护理。

1. 鼻饲适用范围

昏迷的老年人，有口腔疾患或口腔手术后的老年人，不能张口的老年人（如破伤风老年人），病情危重的老年人，拒绝进食的老年人。

2. 禁忌证

禁止用于食管、胃底静脉曲张的老年人，禁止用于患食管癌和食管梗阻的老年人，禁止用于食管烧伤的老年人。

3. 鼻导管喂食的方法及注意事项

（1）准备物品。搅拌机，老年人需要进食的主食、菜肴和汤，鼻饲专用注射器（50 mL），温开水，纱布，毛巾。

（2）鼻饲流程。

1）将老年人需要进食的主食、菜肴和汤依次倒入搅拌机中，打开开关，将食物打碎搅拌成流质饮食，倒入碗中。测量鼻饲液的温度，38~40 ℃为宜。

2）在老年人颌下垫上毛巾，抬高床头 30°~45°，检查鼻饲管的深度是否处于规定距离。

3）检查无误后，打开无菌鼻饲注射器，打开胃管末端的闭合盖，连接注射器，回抽，见到少量胃液后再缓慢注入温开水。

> 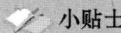 小贴士
>
> 检查胃管是否在胃内的三种方式：一是回抽胃液，这也是最为常见的方法；二是气过水声法，用注射器连接胃管末端，向胃内快速注入 20 mL 空气，同时在胃区用听诊器检查是否有气过水声；三是将胃管末端放置在水杯中，观察是否有气泡冒出，如无气泡，证明胃管在胃内。

4）用注射器抽取 20 mL 的温水，先湿润鼻饲管；再用鼻饲注射器抽吸鼻饲液，缓慢从胃管注入胃中，以 10~13 mL/min 的速度注射鼻饲液，总量不超过 200 mL。

5）鼻饲液注入结束后，抽取少量温开水冲洗胃管。

6）取下注射器，封好闭合盖，将胃管末端反折，用纱布包好，再用橡皮筋系好或用夹子夹好，用别针固定于枕头或衣领上。

7）让老年人保持原体位 30 min，再摇下床头，避免食物反流。

8）整理用物。

（3）注意事项。

1）每次灌注前先回抽，见胃液后方可进食，以确认胃管是否在胃内。

2）每次鼻饲量不超过 200 mL，间隔时间不少于 2 h。

3）鼻导管喂食过后，应将老年人上半身抬高或摇高床头，休息 30 min，以防鼻饲液反流。

4）通过胃管灌入药物时，应研碎后先用温水溶解再从胃管注入。

5）新鲜果汁和牛奶应分开注入，以防产生凝块。

6）鼻饲过程中应做到"三避免"：避免灌入空气，以防造成腹胀；避免灌注速度过快，防止老年人不适应；避免鼻饲液过冷或过热，防止引发胃部不适或烫伤黏膜。

模块 2　老年人清洁照护

老年人由于身体老化或疾病不适导致无法独立完成日常清洁时，养老护理员应部分协助或完全性照护，既要满足老年人的生理需要，又要充分调动老年人的主动性，最大限度地发挥其自理能力，尽量让其作为一个独立自主的个体参与家庭和社会生活，满足老年人的精神需要。

一、老年人盥洗的目的及要点

1. 老年人盥洗的目的

（1）清除身体污垢，保持卫生，提升老年人的舒适度。

（2）促进老年人的食欲和血液循环，促进皮肤新陈代谢。

（3）预防老年人的口腔和皮肤疾病。

（4）维护老年人形象，保护其自尊和隐私。

2. 老年人盥洗的要点

（1）照护老年人盥洗的过程中，养老护理员要动作轻柔、充满耐心、面带微笑，注意维护老年人的自尊。

（2）养老护理员在面对异性老年人时，必要时可寻求老年人家属的帮助，既要注意保护自己，也要保护好老年人的隐私。

（3）在盥洗的过程中，养老护理员要充分调动老年人的主动性，鼓励老年人，以满足其精神需要。

二、照护老年人盥洗

1. 准备工作

（1）环境准备：关闭门窗，室内温度以 22~24 ℃为宜。

（2）用物准备：软毛牙刷、牙膏、漱口杯、盆、温水（以38~40℃为宜）、毛巾，必要时可准备剃须刀。

2. 盥洗流程

（1）刷牙。

1）如图2-3所示，为老年人在牙刷上挤好牙膏，在漱口杯中倒入温水，将牙刷和水杯递给老年人。告知老年人刷牙时要动作轻柔，不要将牙刷放入口中过深，否则会引起牙龈出血及呕吐，教会老年人使用巴氏刷牙法。在老年人刷牙时，养老护理员应在旁照看，必要时给予协助。

图2-3 协助老年人刷牙

> **小贴士**
>
> **巴氏刷牙法**
>
> 巴氏刷牙法又称水平颤动拂刷法，是一种有效清洁牙齿的刷牙方法，具体操作如下：
>
> 1. 手持牙刷，刷毛与牙齿成45°角，将刷毛指向牙龈方向，轻轻加压，使部分刷毛进入牙龈沟内。
>
> 2. 以2~3颗牙为一组，短距离水平颤动牙刷4~6次，颤动时刷毛移动幅度约1 mm，注意不要用力过大，以免损伤牙龈。
>
> 3. 将牙刷向牙冠方向转动，拂刷牙齿的唇（颊）舌（腭）面，将每个部位都刷干净。
>
> 4. 按照上述方法，依次刷完所有牙齿的各个面，包括外侧面、内侧面和咬合面。
>
> 5. 刷上下前牙的舌面时，要将刷头竖起，上下颤动拂刷。
>
> 6. 刷牙时间应不少于2 min，确保每颗牙齿的各个部位都得到充分清洁。

2）若老年人有义齿，应先帮其取下义齿，冲洗干净后浸泡在冷水中，再协助老年人漱口后佩戴。

义齿清洁：养老护理员应在每次餐后帮助老年人及时取下义齿并认真清洗，先用软毛牙刷涂上牙膏或义齿清洁液，轻轻刷洗义齿的各面，再用冷水冲洗干净。有义齿者，白天应佩戴义齿，以增进咀嚼功能，保持良好的口腔外形；晚上应将义齿取下，使牙龈得到休息。取下的义齿刷洗干净后放于盛有冷水的水杯中，每天换水一次。

3）老年人每次用餐后，养老护理员要协助老年人进行温水漱口。

4）擦拭法清洁口腔。

①向老年人解释擦拭口腔的目的及好处，以取得配合。

②协助老年人侧卧或仰卧，头侧向养老护理员，以便于操作。

③将治疗巾围在老年人颈旁，将弯盘置于老年人口角旁。

④用棉球湿润口唇后，协助老年人用温开水漱口。

⑤叮嘱老年人张口，观察其口腔黏膜有无出血、溃疡等现象，有活动义齿（假牙）者应将义齿取下浸泡。

⑥叮嘱老年人张口，养老护理员以弯曲血管钳夹取含有漱口液的棉球（每次1个，以不滴水为宜），放入老年人颊部内侧。先让其咬合上下齿，再由内向门齿纵向擦洗牙齿的外侧面；同法擦洗另一侧。

⑦叮嘱老年人张开上、下齿，养老护理员先依次擦洗其一侧牙齿的上内侧面、上咬合面、下内侧面、下咬合面，再"Z"形擦洗一侧脸颊内部；同法擦洗另一侧。

⑧由内向外擦洗老年人的硬腭、舌面、舌下，勿触及其咽部，以免引起老年人恶心。

⑨协助老年人再次漱口，并用治疗巾拭去其口角处水渍。检查

老年人的口腔，清点棉球。

⑩协助老年人取舒适卧位，整理用物。

（2）洗脸。如图2-4所示。

1）洗脸盆内放入温水，水温调至合适的温度（38～40 ℃为宜），放入毛巾，让老年人自行清洁眼周、面部、耳后、颈部。

2）养老护理员在旁照看，必要时协助老年人清洗。

图2-4 协助老年人洗脸

（3）洗脚。老年人每晚睡觉前，养老护理员应协助老年人用温水泡脚。泡脚可促进老年人血液循环，帮助其入睡。

1）泡脚的水温不可过高，控制在55 ℃以下，以老年人感到舒适为宜。

2）协助老年人坐好，盆内放三分之二的温水，协助老年人放入双脚，以水超过脚面为宜。如图2-5所示。

3）先协助老年人轻轻搓洗足背、脚心、趾缝，再浸泡10 min左右。

4）用毛巾擦干老年人的双脚。

（4）清洗会阴。老年人每日临睡前，养老护理员应指导老年人清洗会阴部。

1）拿出专用盆，倒入温水（水温控制在38～40 ℃），放入专用

养老护理基本技能

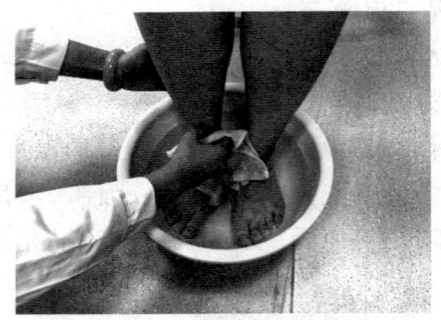

图 2-5 协助老年人洗脚

毛巾。

2)指导女性老年人从前向后清洗,男性老年人重点清洗肛门及周围。

3)用毛巾擦拭干净,换上清洁的内裤。

3. **注意事项**

(1)老年人对温度的感觉有所减弱,皮肤表面的反应性低,养老护理员在照护其盥洗的过程中,要注意水温,防止烫伤老年人。

(2)盥洗过程中,注意水不要溅到地面上,以避免老年人滑倒。

(3)养老护理员在照护老年人盥洗的过程中,要动作轻柔、充满耐心、面带微笑,注意维护老年人的自尊。

(4)义齿不可放入热水或酒精中浸泡、刷洗,以免变色、变形和老化。

三、照护老年人沐浴

沐浴可清除身体污垢,保持毛孔通畅,促进血液循环,改善睡眠,提高皮肤新陈代谢,利于预防皮肤疾病。老年人在日常生活中要注意保持皮肤清洁,特别是皱褶部位。老年人在冬季可每周沐浴1~2次,在夏季可每天用温水沐浴。

1. 淋浴

（1）准备工作。

1）环境准备：关好门窗，调节室温在 24~26 ℃，调节水温在 38~40 ℃。

2）用物准备：毛巾、洗发液、护发素、梳子、沐浴露、润肤露、防滑拖鞋、换洗衣物等，必要时可准备椅子。

（2）沐浴流程。

1）若养老护理员与老年人同性别，可以陪同进入浴室。

2）协助老年人脱下衣物，穿好防滑拖鞋。养老护理员要先试一下水温，待水温合适时，再帮助老年人冲热身体。

3）如老年人可自行洗头、沐浴，养老护理员须在旁照看；若老年人要求协助洗头、沐浴，养老护理员须进行协助。

4）协助老年人洗头：老年人头稍低，养老护理员帮助其冲湿头发，先取适量的洗发液涂抹于老年人的头发上，轻轻搓洗头皮及头发，并用清水冲洗干净；再涂抹护发素，轻轻按摩 2 min，冲洗干净即可。

5）协助老年人沐浴：养老护理员协助老年人冲洗全身，先为其均匀涂抹沐浴露，自上而下轻轻搓洗全身，再协助其冲净全身，最后用清水冲净会阴部。

6）用干毛巾擦干老年人全身，必要时可涂抹润肤露。协助老年人穿好衣物，让其稍加休息并补充水分。

（3）注意事项。

1）老年人的沐浴时长以 10~15 min 为宜，时间过长易导致老年人发生胸闷、晕厥等意外。

2）沐浴时要避免使用碱性肥皂，可选择弱酸性的硼酸皂、羊脂皂或沐浴露。

3）浴室地面应放防滑垫，老年人在沐浴时必须穿防滑拖鞋，防止滑倒。

4）在淋浴过程中，养老护理员应随时询问和观察老年人的反应，如发现老年人出现不适，要立刻停止沐浴。

5）若老年人要求单独沐浴，不需陪同，养老护理员应提醒老年人沐浴时的注意事项，不可锁浴室门，必要时在浴室内放一把椅子，供老年人中途休息。

2. 擦浴

（1）准备工作。

1）环境准备：关闭门窗，调节室温在26~28 ℃，必要时用屏风或隔帘遮挡。

2）物品准备：凳子、干净衣裤1套、水桶2只（分别用于盛净水和污水）、温水（水温为50~52 ℃）、小水壶、脸盆3只（分别用于清洗面部、身体、会阴）、浴巾、大毛巾、小毛巾（面部、身体、会阴各1块）、香皂，必要时应准备润肤露。

（2）擦浴流程。

1）向老年人说明擦浴的目的，以取得配合。掀开床尾盖被，将老年人身体移向床沿，靠近养老护理员。

2）洗脸盆内放入温水，老年人取平卧位，在其头下垫一块大毛巾，以便清洗其面部。

3）清洗面部：将温水湿毛巾包在右手上呈手套式，如图2-6所示。擦洗老年人的面部，顺序为眼睛（从内眦到外眦）、额部、口鼻部、面部、双耳、颈部；用拧干的湿毛巾再擦拭一遍。

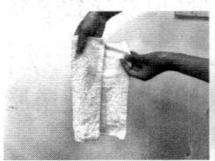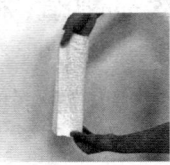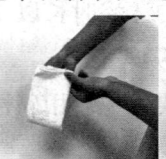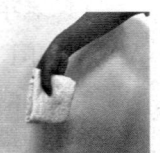

图2-6 小毛巾包手—呈手套状

4）擦洗上肢：为老年人脱去上衣，先脱近侧，后脱对侧，如其肢体有外伤，则先脱健侧，后脱患侧。暴露一侧上肢，将浴巾铺于一侧上肢下，一只手托起老年人肘部及前臂，另一只手进行擦洗；同法擦洗另一侧上肢。

5）泡洗双手：将老年人双手浸泡于盆内热水中，洗净擦干。

6）擦洗胸腹：将浴巾铺于老年人胸腹部，一只手掀起浴巾，另一只手依次擦洗其胸部和腹部。

7）擦洗后背：协助老年人侧卧，背向养老护理员，将浴巾铺于老年人背侧下，依次擦洗其后颈部、背部、臀部。擦洗干净后，协助老年人穿上清洁的上衣，先穿对侧后穿近侧，如老年人肢体有外伤，则先穿患侧后穿健侧。安置老年人平卧位。

8）擦洗下肢：为老年人脱去裤子，将浴巾铺于一侧腿下，依次擦洗其髋部、大腿、小腿，并用浴巾擦干；同法擦洗另一侧下肢。

> **小贴士**
>
> 擦洗时，一般用温水湿巾擦净，浴巾擦干即可。如皮肤污垢较多，可先用温水湿润皮肤，用涂有香皂的毛巾擦洗，再用湿毛巾擦去皂液，最后用浴巾擦干（即一湿、二皂、三净、四干）。

9）泡洗双足：协助老年人将两腿屈膝，置浴巾于脚下，将足盆放于床尾，协助老年人将双脚放入盆内，用热水浸泡、洗净、擦干。

10）擦洗会阴：铺浴巾于臀下，协助或指导老年人清洗会阴部。清洗干净后，协助老年人换上干净裤子。

11）根据老年人的需要，为其梳发、修剪指（趾）甲、更换床单等。安置老年人舒适地躺卧，询问老年人的感受。将老年人安置妥善后，清洗用物。

(3) 注意事项。

1) 帮助老年人擦浴时,要注意节力原则,即养老护理员站立时,应两脚分开,重心在身体的中央或稍低处。

2) 要关心体贴老年人,保护老年人的自尊,尽量少翻动和暴露老年人的肌肤,以免其受凉。

3) 擦洗时,养老护理员的动作要轻柔、敏捷。在擦浴的过程中,要注意询问老年人的感受。

四、为老年人修剪指(趾)甲

由于老年人视力退化,指(趾)甲角质层增厚,养老护理员应定期帮助老年人进行修剪。

1. 准备工作

(1) 环境准备:环境安静、光线充足。

(2) 用物准备:指甲刀、指甲锉条、纸巾或废旧报纸、垃圾桶。

2. 修剪流程

(1) 与老年人进行沟通,以取得配合。在老年人的手(或足)下铺垫纸巾或废旧报纸。

(2) 养老护理员左手握住老年人一只手(或足)的手指(或脚趾),右手持指甲刀(弧形),逐一进行修剪。修剪指(趾)甲长度与指(趾)端平齐或稍短一些为宜,手指圆剪,脚趾平剪。

(3) 先用指甲刀逐一修剪指(趾)甲边缘的毛刺,再使用指甲锉条将指(趾)甲外口搓至光滑。

(4) 用纸巾或废旧报纸包裹指(趾)甲碎屑并丢入垃圾桶内。

3. 注意事项

(1) 修剪指(趾)甲的时间宜选择老年人沐浴后,指(趾)甲较软,便于修剪。

(2) 修剪指(趾)甲时,要避免损伤老年人的皮肤。指(趾)

甲边缘要光滑，不可有毛刺。

模块3　老年人排泄照护

排泄是人体最基本的生理需要，老年人因受老化、疾病或疼痛等因素影响，其生活自理能力减弱，养老护理员应细心做好老年人排泄照护，帮助老年人满足生理需要，并维护老年人的自尊。

一、大便的观察

1. 便量与次数

正常的老年人每日排便 1~2 次，平均排便量为 100~300 g。每日排便量与老年人所食用的食物的种类、数量及其自身的消化功能有关。每日排便超过 3 次则为腹泻；每周排便少于 3 次且形状改变，则为便秘。

2. 形状

正常粪便柔软成形。粪便呈糊状或水样，见于消化不良或急性肠炎；粪便干结坚硬，呈栗子样，见于便秘；粪便呈扁条状或带状，见于直肠、肛门狭窄或肠道部分梗阻。

3. 颜色

正常老年人的粪便呈黄褐色，粪便的颜色因摄入的食物和药物的不同而发生变化。病理情况下，大便的颜色也可发生改变。如上消化道出血的老年人，大便呈漆黑光亮的柏油样便；下消化道出血的老年人，大便呈暗红色；胆道完全阻塞的老年人，大便呈陶土色；直肠息肉、肛裂或痔疮的老年人，粪便表面有鲜血或便后有鲜血滴出。

4. 气味

粪便的气味是由于蛋白质经细菌分解发酵而成，气味因摄入的食物种类而异。严重腹泻的老年人粪便呈恶臭味；患下消化道溃疡、恶性肿瘤的老年人粪便呈腐败味；患上消化道出血的老年人粪便呈腥臭味；患消化不良的老年人粪便呈酸败味。

二、尿液的观察

尿液俗称"小便"，是人体排出的代谢废物和水分。人体尿液是血液流经肾脏时，肾脏对血液中的尿酸、尿素、水、无机盐等物质进行过滤形成的。养老护理员在照护老年人时，可以通过对老年人尿液的观察，发现其身体的异常情况。常见尿液情况见表2-3。

表 2-3　　　　　　　　　　常见尿液情况

项目	状况	表现	常见情况
尿量变化	正常	1 000~2 000 mL/24 h	受饮水、饮食、气温等影响
	多尿	>2 500 mL/24 h	常见于患有糖尿病、尿崩症的老年人
	少尿	<400 mL/24 h	常见于患有心、肾疾病和休克的老年人
	无尿	<100 mL/24 h 或 12 h 无尿	见于急性肾功能衰竭的老年人
尿液颜色	正常	淡黄色、澄清、透明	与饮水量和出入量有关
	血尿	呈淡红色或红棕色	常见于患有输尿管结石、急性肾炎、泌尿系肿瘤的老年人
	血红蛋白尿	呈酱油色	常见于有溶血性贫血或溶血反应的老年人
	胆红素尿	呈黄褐色或深黄色	常见于患有阻塞性黄疸的老年人

续表

项目	状况	表现	常见情况
尿液气味	正常	氨臭味	正常人体尿液中有挥发性酸
	异常	烂苹果味	常见于患有糖尿病酮症酸中毒的老年人
		甜味	常见于患有糖尿病的老年人

三、协助正常老年人如厕

1. 准备工作

（1）环境准备：环境整洁，温湿度适宜，无异味，地面干燥。

（2）护理员准备：服装整洁，洗净并温暖双手。

（3）场地准备：卫生间有坐便器、扶手设施和卫生纸。

2. 操作流程

（1）询问老年人是否需要排便，当老年人有需求时，协助老年人如厕。

（2）搀扶或用轮椅推行老年人进入卫生间。晚间可使用床旁坐便椅。

（3）协助老年人背向坐便器，叮嘱老年人用手扶住坐便器旁边的扶手。

（4）一只手搂抱老年人腋下或腰部，另一只手协助老年人（或由老年人自己）脱下裤子。

（5）双手扶托老年人腋下，协助老年人平稳地坐于坐便器上，叮嘱其双手扶稳扶手进行排便。

（6）对于上肢功能良好的老年人，鼓励其便后自己擦净肛门。对于无法自己完成该动作的老年人，叮嘱其扶住扶手，身体稍向前倾，由养老护理员协助用卫生纸擦净肛门。

(7) 老年人自己借助卫生间扶手支撑身体（或由养老护理员协助）起身，老年人自己（或由养老护理员协助）穿好裤子。

(8) 询问老年人排便是否顺畅，观察其大便情况。

(9) 按压坐便器冲水开关冲水。

(10) 协助老年人洗手。使用轮椅推行或搀扶老年人回房间休息。

(11) 卫生间开窗通风或开启排风设备，清除异味后关闭。

(12) 洗净双手，做好记录。

3. 注意事项

(1) 老年人的卧室应尽量靠近卫生间，方便老年人如厕。房间至卫生间的通道应保持通畅，无杂物。保持卫生间地面整洁、无水渍，以防老年人滑倒。

(2) 卫生间应设有坐便器并安装扶手，方便老年人坐下和站起。卫生用品应放在老年人伸手可以拿取的位置。

(3) 如果老年人能短距离或在他人搀扶下行走，应尽量鼓励老年人到卫生间如厕。如果老年人能坐稳但行走不便，可选择协助老年人在床边使用坐便椅排便。

四、协助卧床老年人使用便盆

1. 准备工作

(1) 环境准备：环境安静整洁，温湿度适宜，根据季节开关门窗。

(2) 护理员准备：服装整洁，洗净并温暖双手，必要时戴口罩。

(3) 用物准备：准备便盆、一次性护理垫、卫生纸，必要时备温水、水盆、毛巾。

2. 操作流程

(1) 携用物至老年人房间，询问老年人是否有便意，提醒老年人定时排便。

（2）根据老年人的活动能力及病情采取适宜的放置方式。

1）仰卧位放置便盆：协助老年人取仰卧位，掀开下身盖被并折向远侧，协助其褪下裤子至膝部。叮嘱老年人屈膝抬臀，同时一只手托起老年人臀部，另一只手将一次性护理垫及便盆放于老年人臀下（便盆窄口朝向足部）。询问老年人便盆放置是否合适。在其会阴部上部覆盖一次性的护理垫，并为老年人盖好盖被。

2）侧卧位放置便盆：协助老年人将裤子褪至膝部，双手分别扶住老年人远侧的肩部及髋部，使老年人面向养老护理员翻身侧卧。掀开臀部盖被并折向近侧，暴露其臀部。先将一次性护理垫垫于老年人臀下，再将便盆紧贴老年人臀部竖扣（便盆窄口朝向足部）并扶稳，将老年人及便盆同时恢复呈平卧位。询问老年人便盆放置是否合适。在其会阴部上部覆盖一次性护理垫，并为老年人盖好盖被。

（3）老年人排便后，养老护理员一只手扶稳便盆一侧，另一只手协助老年人侧卧，取出便盆放于地上。

（4）取卫生纸为老年人擦净肛门（从会阴部向肛门的方向擦拭）。必要时用温热的湿毛巾擦洗会阴部及肛门。

（5）撤去一次性护理垫。

（6）协助老年人穿好裤子，取舒适的卧位，整理床单。

（7）观察老年人的粪便，观察其尾骶部皮肤有无破损，如有异常要及时跟其家属沟通。倾倒并冲洗、消毒便盆，晾干备用。

（8）洗净双手，开窗通风。

3. 注意事项

（1）使用便盆前，养老护理员要检查便盆的完整性，放、取便盆时，不能生拉硬拽，以免擦伤老年人的皮肤。

（2）男性老年人排尿时，可选用尿壶。

（3）照护老年人排泄时要关心、体贴老年人，询问老年人的感受,注意保暖、注意保护隐私、维护老年人的自尊。

(4) 老年人排便后,养老护理员要及时清洗、消毒便盆,保持便盆干净、无异味。

五、对留置导尿管老年人的护理

导尿术是指在严格无菌操作下,将导尿管经尿道插入膀胱引出尿液的技术,主要适用于尿潴留、手术前的准备工作、危重老年人的病情观察等。根据老年人的病情,导尿管可能留置2~7天,甚至更长时间,而导尿管的护理工作是预防感染的重要措施。养老护理员需了解相关的知识,协助医生和护士做好护理工作。

1. 保持引流通畅

引流管应放置妥当,避免因扭曲、受压、堵塞等造成引流不畅。

2. 保持尿道口周围的清洁、干燥

及时放出集尿袋内的尿液。集尿袋不可高于膀胱,以防尿液回流引起逆行感染。

3. 协助老年人多饮水

如病情允许,要协助老年人多饮水,避免感染和引发结石。

4. 帮助老年人训练膀胱反射功能

如病情允许,养老护理员可根据医生的指导帮助老年人训练膀胱反射功能,教会老年人和其家属在拔管前采用间歇性引流方式(每3~4 h松开一次导尿管),使膀胱定时充盈排空,促进膀胱功能恢复。

模块4 老年人睡眠照护

睡眠是人的生理需要,睡眠质量与人的身心健康有着密切的联系。老年人的睡眠受多种因素影响，其中睡眠环境对睡眠有直接影响。养老护理员需根据老年人的生理睡眠特点，协助老年人做好睡前环境准备，营造适宜的睡眠环境，以改善老年人的睡眠。

一、老年人的睡眠特点与睡眠环境要求

随着年龄的增长，人的机体结构和功能会发生退化，老年人的睡眠功能也会退化。老年人的睡眠时间长短因人而异，觉醒后感觉精力充沛、情绪愉快即可，不必强求一致。但是由于老年人体力减弱，很容易感觉疲劳，因此合理和科学的睡眠对老年人来说十分重要。

1. 老年人的睡眠特点

（1）老年人睡眠时间缩短。60~80岁的健康老年人平均睡眠时长为6~7 h。

（2）老年人夜间容易觉醒，且容易受到声、光、温度等外界因素及自身老年病的干扰，夜间睡眠变得断断续续。

（3）浅睡眠即大脑未得到充分休息。老年人浅睡眠期增多，而深睡眠期减少，年龄越大，睡眠越浅。

（4）老年人容易早醒，睡眠趋向早睡早起。

2. 老年人睡眠环境要求

（1）老年人的体温调节能力差，夏季室内温度以26~28 ℃为宜，冬季室内温度以18~22 ℃为宜，相对湿度保持在50%~60%为宜。

（2）老年人睡眠易受声、光的影响，居住环境要保持安静。老年人视觉适应能力下降，光线过暗或过亮，都会产生因看不清周围景物而跌倒、坠床等安全问题。夜间应有适当的照明设施，如夜灯或地灯。卧室墙壁的颜色应淡雅，如选择淡黄色、淡绿色或淡粉色等，过于浓重的暖色或冷色会使老年人情绪兴奋或抑郁，影响睡眠。

(3) 通风可调节室温、减轻室内异味并可降低室内细菌数量，减少疾病发生概率，居室要经常通风以保证室内空气新鲜。

(4) 室内设备应简单实用、靠墙摆放，家具的转角应尽量选择弧形，以免夜间碰伤起夜的老年人。

(5) 卫生间应靠近卧室，方便老年人如厕。卫生间内应设置坐便器并设有扶手，地面铺防滑砖。叮嘱老年人睡前排空大小便，避免和减少起夜对睡眠造成的影响。对于不能自理的老年人，养老护理员要在其睡前将所需物品放置于适宜位置，如水杯、痰桶、便器等。

二、为老年人布置睡眠环境

1. 准备工作

(1) 环境准备：室内环境安静整洁，空气清新，温湿度适宜。

(2) 护理员准备：服装整洁，洗净双手。

(3) 老年人准备：老年人已经如厕、洗漱完毕。

(4) 根据老年人主诉，准备好盖被。

2. 操作流程

(1) 养老护理员与老年人沟通，告知其准备睡觉了。

(2) 关闭窗户，拉好窗帘，调节室内温湿度。

(3) 检查床铺有无渣屑，按压床铺感受软硬度，铺平褥子，拍松枕头，展开盖被呈S形并折叠于对侧。

(4) 协助老年人更换睡衣、上床就寝，帮其盖好盖被。

(5) 询问老年人是否有其他需求，并及时满足。

(6) 开启地灯，关闭大灯，调节地灯至适宜的亮度。

(7) 轻步退出房间，轻手关门。

3. 注意事项

(1) 在老年人睡前，养老护理员应对卧室进行适当的通风换气，避免空气浑浊或有异味，影响睡眠。

（2）根据季节准备适宜的被褥。

三、为卧床老年人更换床单被套

1. 准备工作

（1）环境准备：室内环境安静整洁，空气清新，温湿度适宜，关闭门窗。

（2）护理员准备：服装整洁，洗净双手。

（3）老年人准备：老年人平卧在床，无不适。

（4）用物准备：干净的床单、被套、枕套，必要时备清洁衣裤、湿毛刷或湿扫床毛巾。

2. 更换流程

（1）将干净的床单、被套、枕套按更换顺序放于床旁凳上，如图 2-7 所示。

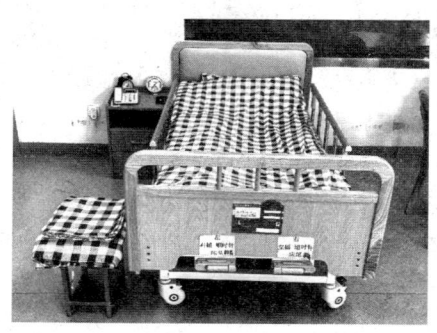

图 2-7　将干净的床单、被套、枕套放于床旁凳上

（2）向老年人做好解释工作，取得老年人的配合。

（3）指导老年人双手放于腹部，双膝屈曲，协助老年人取对侧侧卧位。

（4）更换床单：从床头至床尾松开近侧床单，将床单污染面内卷至其身下，超过床单中线，自上而下扫净床垫上的碎屑。铺清洁床单，中线对齐，铺好近侧床单后，将清洁面向内翻折，塞入老年人身下。将老年人移向近侧，撤去污床单，同法铺好对侧清洁床单，如图 2-8 所示。

图 2-8　更换床单

（5）更换被套：解开污被套末端系带或拉链，将棉胎从尾端拉出，将棉胎放置于清洁被套内，同时撤出污被套。整理清洁被套，使被套头端不虚边，四角充实，如图 2-9 所示。

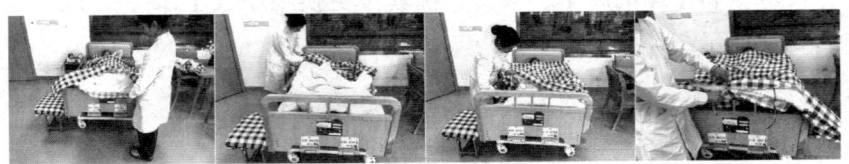

图 2-9　更换被套

（6）更换枕套：一只手托起老年人的头部，另一只手迅速取出枕头，撤下污枕套，换上清洁枕套，拍松枕头后放回至老年人头下，如图 2-10 所示。

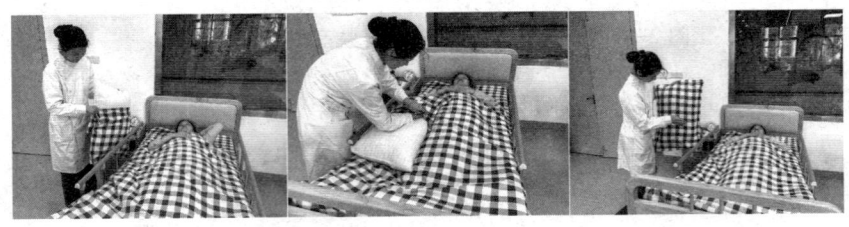

图 2-10　更换枕套

（7）协助老年人取舒适卧位，询问老年人的感受。如老年人有需求，可帮其更换清洁的衣裤。

（8）整理用物，开窗通风，清洗撤下的床单、被套、枕套。

3. 注意事项

（1）养老护理员为老年人更换床单、被套的过程中，注意动作轻柔，使老年人感觉舒适、安全。

（2）不宜过多地翻动和暴露老年人，要保护老年人的隐私，注意老年人的安全。

（3）若室温较低，要调高室温，防止老年人受凉。

（4）更换床单的过程中，若床上有碎屑，可用湿毛刷或湿扫床毛巾刷床。

第3单元 基础照护

模块1 老年人体征观测

生命体征是机体内在活动的一种客观反映,也是衡量机体状况是否正常的重要指标,包括体温、脉搏、呼吸、血压四项指标。老年人在生病时,生命体征的数值会发生变化。养老护理员需要掌握生命体征的相关知识及测量方法,从而更好地照护老年人。

一、为老年人测量体温

人体具有一定的温度,这就是体温。正常人腋下温度为 36.0~37.0 ℃,但体温容易受年龄、运动、药物、疾病的影响而发生变化。体温超过 37.5 ℃ 为发热,其中 37.5~38 ℃ 为低热,38~39 ℃ 为中热,39~40 ℃ 为高热,40 ℃ 以上为超高热。体温低于 36.0 ℃ 为体温过低。

1. 体温计的种类

(1)水银体温计:如图 3-1 所示,水银体温计利用汞热胀冷缩的原理制成,是最常见的体温计,具有示值准确、稳定性高的特点。但易破碎,存在水银污染的可能,测量时间比较长,对于急重病患者、老年人等,存在使用不方便、读数比较难等问题。

(2)电子体温计:如图 3-2 所示,电子体温计是近年来逐渐被

图 3-1　水银体温计

广泛使用的新产品，是一种以数字显示的体温计，能快速准确地测量人体温度，相比较传统的水银体温计，具有读数方便、测量时间短、精确度高、能记忆并有蜂鸣提示等优点，尤其是其不含水银，对人体及周围环境无害。

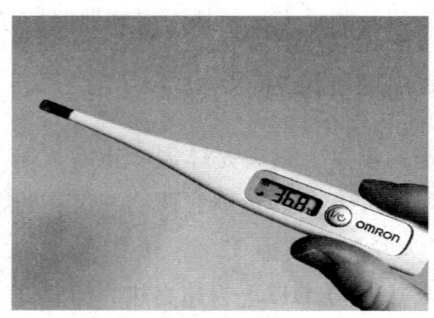

图 3-2　电子体温计

（3）红外体温计：如图 3-3 所示，红外体温计利用红外线进行体温的测量，具有快速测温、减少感染概率的优点，尤其适合婴幼儿使用。红外体温计分为耳式红外测量仪（耳温枪）和额式红外测量仪（额温枪），前者准确率更高。

第3单元 基础照护

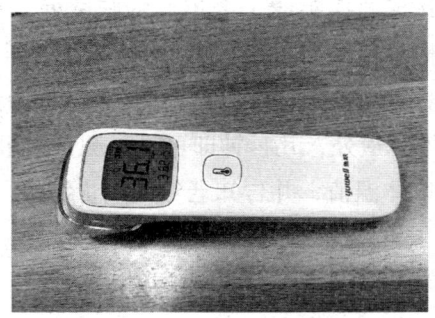

图3-3 红外体温计

2. 测量准备工作

(1) 环境准备:室内环境空气清新,温湿度适宜。

(2) 护理员准备:着装整齐,去除首饰,无长指甲,洗净双手。

(3) 老年人准备:测量前30 min内,老年人不宜进食、沐浴或运动。

(4) 用物准备:体温计、纱布或纸巾。

3. 测量流程

(1) 跟老年人沟通,告知其准备测量体温,询问其测量前30 min内的活动情况,确认是否有影响体温数值的因素存在。

(2) 根据老年人的情况选用体温计,可选用最常用的腋窝测温方法进行测量。

(3) 检查体温计,如是水银体温计,将水银刻度甩至35 ℃以下;如是电子或红外线测温仪,检查性能是否良好。

(4) 测量体温。

1) 水银体温计:用纱布或纸巾擦干老年人腋窝汗液,将体温计水银端放于腋窝处。指导老年人夹紧体温计,屈臂过胸,测量10 min,查看测量结果。

2) 电子体温计:用纱布或纸巾擦干老年人腋窝汗液。打开电子体温计开关,将其感温探头放于老年人的腋窝处。指导老年人夹紧体温计,屈臂过胸,测量 1 min 或提示音响后,查看测量结果。

3) 红外体温计:打开红外体温计的开关,将探测头置于老年人的额头皮肤处或外耳道处,几秒钟即可显示测量结果。

(5) 正确读取体温值,并告知老年人测量结果。

4. 注意事项

(1) 不宜在老年人进食、沐浴或运动后的 30 min 内测量体温,会影响数值。

(2) 测体温前检查体温计是否完好,水银体温计的水银柱要在 35 ℃以下。

(3) 测量过程中,养老护理员不可离开老年人,以防体温计摔碎等情况发生。

(4) 若老年人肢体有偏瘫、损伤等,应在其健侧肢体测量,以免患侧肢体血液循环不良而影响测量结果的准确性。

5. 体温计的清洁与消毒方法

(1) 水银体温计:使用结束后,先将体温计放在流水下冲洗,再放入浓度为 75% 的乙醇溶液或有效氯溶液中浸泡 30 min 后捞出,用流水冲洗,擦干即可。

(2) 电子体温计:用酒精纱布擦拭消毒。

(3) 红外体温计:用酒精纱布擦拭或者更换一次性耳套即可。

6. 水银体温计摔碎的处理方法

(1) 打开门窗通风,增加空气流动,降低空气中的水银浓度。

(2) 养老护理员戴一次性橡胶手套,用锡箔纸、玻璃片或硬纸板将小颗粒的水银珠推到一起,使其汇聚成一大滴水银珠,然后将其引入密闭的容器中;或者使用湿润的棉签将水银珠收集起来,放进密封的瓶子中。

(3) 不能将水银倒入下水道或垃圾桶内,以免造成二次污染。

应在密闭容器中加入少量水,在容器上标注"废弃水银",交由社区废液管理部门或环保部门处理。

二、为老年人测量脉搏

人体心脏每跳动一次,动脉内的压力就会发生周期性的变化,导致动脉管壁产生节律的搏动,称脉搏。正常情况下,脉搏与人体的心跳一致,为每分钟 60~100 次,平均大约每分钟 72 次,老年人一般为每分钟 55~60 次,但脉搏容易受活动、情绪、药物、疾病等因素的影响。测量脉搏的部位应选择人体浅表的大动脉,如桡动脉(最常用)、颈动脉、肱动脉等。

1. 测量准备工作

(1)环境准备:室内环境空气清新,温湿度适宜。

(2)护理员准备:着装整齐,去除首饰,无长指甲,洗净双手。

(3)老年人准备:测量前 30 min 内,老年人不宜进食、沐浴、运动或有较大的情绪波动。

(4)用物准备:时钟(带秒针)或计时器。

2. 测量流程

(1)跟老年人沟通,告知其准备测量脉搏,与其确认是否有影响脉搏数值的因素存在。

(2)协助老年人取卧位或坐位,使其手腕伸展,手臂取舒适位置,便于测量。

(3)养老护理员用食指、中指、无名指三指,在靠近老年人的大拇指肌腱处侧,触检桡动脉。如图 3-4 所示。

(4)测量 1 min,告知老年人脉搏的数值。

3. 注意事项

(1)不宜在老年人进食、沐浴、运动后或情绪起伏后的 30 min 内测量脉搏,会影响数值。

图 3-4 测量脉搏

（2）不可用拇指测脉搏。

（3）若老年人肢体有偏瘫、损伤等，应在其健侧肢体测量，以免患侧肢体血液循环不良影响测量结果的准确性。

（4）若测得异常数值，应及时告知老年人家属或医护人员。

三、测量血压

血压是指血液在血管里流动时对血管壁产生的侧压力。由于心脏在不停地收缩和舒张，所以血压分为收缩压和舒张压。正常成人在安静状态下，血压的范围应在 90~140/60~90 mmHg。血压会受到活动、情绪、药物、疾病等因素的影响。

在未使用降压药的情况下，收缩压≥140 mmHg 和（或）舒张压≥90 mmHg，称为高血压；收缩压<90 mmHg 和（或）舒张压<60 mmHg，称为低血压。

1. **血压计的种类**

（1）汞柱式血压计：如图 3-5 所示，汞柱式血压计测量的数值准确可靠，临床较为常用，但由于需要掌握一定的测量技术，所以在家庭中并不常使用。

（2）电子血压计：如图 3-6 所示，电子血压计清晰直观、使用方便，适合在家庭中使用。

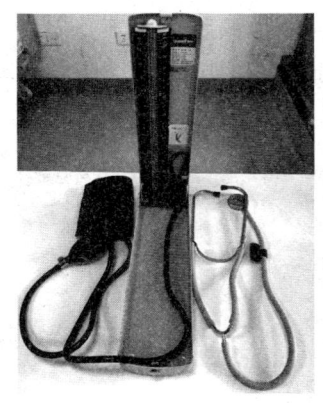

图 3-5　汞柱式血压计

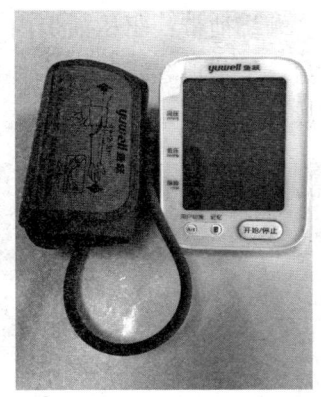

图 3-6　电子血压计

2. 测量准备工作

（1）环境准备：室内环境空气清新，温湿度适宜。

（2）护理员准备：着装整齐，去除首饰，无长指甲，洗净双手。

（3）老年人准备：测量前 1 h 内，老年人不宜进食、沐浴、运动或有较大的情绪波动等。

（4）用物准备：血压计、听诊器。

3. 测量流程

（1）跟老年人沟通，告知其准备测量血压，与其确认是否有影响血压数值的因素存在。

（2）评估老年人肢体活动度，如老年人有偏瘫或一侧肢体运动障碍，需在健侧手臂测量血压。

（3）测量血压。

1）汞柱式血压计测量方法。

①协助老年人取仰卧位或坐位，使其被测肢体与心脏处于同一水平，卷袖露臂，手掌向上，肘部伸直，便于测量。

②放好血压计，开启水银槽。

③缠绕袖带：驱尽袖带内空气，将袖带橡胶管向下正对老年人的肘窝，平整地缠绕于上臂中部，使袖带下缘距肘窝 2~3 cm，松紧以能放入一指为宜。

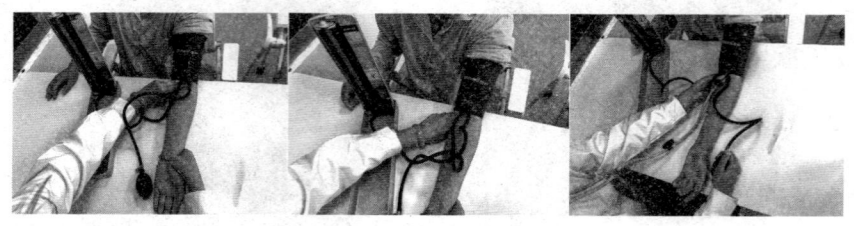

图 3-7　加压注气

④加压注气：如图 3-7 所示，触摸老年人的肱动脉搏动，将听诊器胸件置于肱动脉搏动处，关闭气门，均匀充气至肱动脉搏动音消失后再升高 20~30 mmHg。

⑤缓慢放气：放气过程中注意听肱动脉搏动声音和观察水银柱刻度变化，视线与汞柱所指刻度保持同一高度。

⑥判断测值：当听到第一声搏动时，水银柱所指的刻度为收缩压；当搏动声突然减弱或消失，水银柱所指刻度为舒张压。

⑦整理归位：测量后排尽袖带内余气，整理袖带并放入盒内。将血压计盒右倾 45°，使水银全部回流至槽内，关闭水银槽开关，将其平稳放置。

⑧协助老年人取舒适卧位，向其正确解释测量结果。

2）电子血压计测量方法。

①仔细阅读使用说明书，打开电子血压计的开关。

②缠绕袖带：驱尽袖带内空气，将袖带橡胶管向下正对老年人的肘窝，平整地缠绕于上臂中部，使袖带下缘距肘窝 2~3 cm，松紧以能放入一指为宜。上臂及血压计与心脏要处于同一水平。

③按开始键,等待数分钟后,即可显示测量数值。
④妥善安置老年人,向其正确解释测量结果。

4. 注意事项

(1) 测量血压前 1 h 内,老年人应避免进行剧烈运动、进食、喝含咖啡因的饮料、吸烟及服用影响血压的药物。

(2) 为偏瘫、肢体外伤或手术后的老年人测血压时,应选择健侧肢体测量。

(3) 保证血压测量的准确性,如有异常,应及时告知老年人的家属或医护人员。

(4) 如老年人需要长期测量血压,则需做到"四定",即定时间、定部位、定体位、定血压计,尽量精准地监测血压。

四、测量呼吸

人体与外界空气进行气体交换的过程,称为呼吸。正常成人在安静状态下,呼吸频率为 16~20 次/分钟。准确测量呼吸,可以了解老年人呼吸系统功能状况。呼吸会受到活动、情绪、气压、疾病等因素的影响。

1. 测量准备工作

(1) 环境准备:室内环境空气清新,温湿度适宜。

(2) 护理员准备:着装整齐,去除首饰,无长指甲,洗净双手。

(3) 老年人准备:测量前 30 min 内,老年人不宜进食、沐浴、运动或有较大的情绪波动。

(4) 用物准备:时钟(带秒针)或计时器。

2. 测量流程

(1) 跟老年人沟通,告知其准备测量呼吸,与其确认是否有影响呼吸数值的因素存在。

(2) 向老年人解释操作目的,取得其配合,协助老年人取舒适的卧位，让其精神放松。

（3）护理员保持诊脉手势，分散老年人注意力，使老年人处于自然呼吸的状态，观察老年人胸部或腹部的起伏（一起一伏为一次呼吸）。

（4）测量 1 min，即为老年人每分钟的呼吸频率。

（5）若老年人呼吸微弱，不易观察，可用少许棉花放在老年人鼻孔前，观察棉花纤维被吹动的情况。

（6）告知老年人测量结果。

3. 注意事项

因呼吸受老年人的意识控制，所以测呼吸时应转移老年人的注意力，使其处于自然呼吸状态，以保持测量的准确性。

模块2　老年人护理协助

一、为老年人冷敷

冷敷护理是指利用低于人体温度的物质作用于人体表面，通过神经传导引起皮肤和内脏器官血管的收缩，改变机体各系统体液循环和新陈代谢，达到止血、镇痛、降温和减轻症状的目的。

1. 冷敷的目的

（1）减轻局部充血或出血：冷敷可使局部血管收缩，减轻局部组织的充血和水肿；冷敷还可以使血流减慢，有利于血液凝固而控制出血。适用于局部软组织损伤的初期（48 h 内）、扁桃体摘除手术后、鼻出血等。

（2）控制炎症的扩散：冷敷能使局部血管收缩、血流减缓，降低细胞的新陈代谢和细菌的活力，从而控制炎症的扩散。适用于炎症早期。

（3）减轻疼痛：冷敷可抑制细胞的活动，降低神经末梢的敏感性，从而减轻疼痛。适用于急性软组织损伤初期、牙痛、烫伤等。

（4）降低体温：冷敷可直接与皮肤接触，通过传导与蒸发的物理作用，使体温降低。适用于高热、中暑等。

2. 冷敷的禁忌证

（1）血液循环障碍。患有大面积组织受损、局部组织血液循环不良、水肿、感染性休克等症状的老年人。

（2）慢性炎症或深部化脓病灶。冷敷可使局部血流量减少，影响炎症的吸收。

（3）对冷过敏者。患者冷敷后出现皮疹、关节疼痛、肌肉痉挛等情况。

（4）枕后、耳廓、心前区、腹部、足底，这些部位忌冷敷，以防引起严重的并发症。

3. 冷敷准备工作

（1）环境准备：室内环境空气清新，温湿度适宜。

（2）护理员准备：着装整齐，去除首饰，无长指甲，洗净双手。

（3）用物准备：冰袋、毛巾或冰袋布套；盆内盛冰水，毛巾2条，必要时备隔水垫一块；盆内盛32~34℃温水，小毛巾2条、大毛巾1条、热水袋、冰袋。

4. 冷敷流程

（1）向老年人及其家属介绍冷敷的目的与注意事项，取得其配合。

（2）选择适合的冷敷方法。

1）冰袋冷敷法：将冰袋用毛巾包裹好或套上布套，置于合适的部位。高热降温者，将冰袋置于前额、头顶及体表大血管流经处，如颈部、腋窝、腹股沟等；扁桃体摘除术后者，将冰袋置于颈前颌下。扭伤者,将冰袋敷于患处。冷敷 30 min 后,撤掉冰袋,观察局部皮肤,防止冻伤。

2) 冷湿敷法:暴露需要湿敷的部位,将毛巾浸于冰水中,拿出挤至不滴水为宜。抖开毛巾,敷于患处。每 3~5 min 更换一次毛巾,持续 15~20 min。

3) 冷温水拭/擦浴:关闭门窗,室内温度控制在 22~26 ℃ 为宜,隔帘遮挡,向老年人及其家属介绍冷温水擦浴的目的与注意事项。协助老年人取舒适卧位,在其头部放冰袋,足底放热水袋。暴露拭浴的部位,下垫大毛巾。将小毛巾浸于温水中,拧至半干,缠于手上成手套状,以离心方向拍拭,拍拭后用大毛巾擦干。

拍拭顺序为:两上肢→背腰部→两下肢。每个部位拍拭 3 min,拍拭结束后及时为老年人更换衣裤。拍拭后,取下头部的冰袋和足底的热水袋。

(3) 冷敷结束后,擦干冷敷部位。

(4) 协助老年人取舒适的卧位,整理床铺。可给老年人喝些温开水,冰袋放回冰箱冷冻。

5. **注意事项**

(1) 注意观察冰袋有无漏水等情况,发现异常要及时更换。

(2) 冷敷过程中,注意观察局部皮肤变化,如出现苍白、青紫、麻木等情况,应立即停止冷敷。

(3) 冷敷时间不超过 30 min,若再次使用,应休息 1 h,给局部组织一定的复原时间。冷敷部位不适宜测量体温。

(4) 湿敷过程中应及时检查湿敷情况,敷布须浸透并按时更换,以确保冷敷的效果。

(5) 冷温水拭浴前,在头部放冰袋可以帮助降温,并防止因头部充血而导致的头疼;在足底放热水袋可以促进足底血管扩张,从而减轻头部充血,并使老年人感觉舒适。

(6）拭浴时，以拍拭（轻拍）的方式进行，可避免摩擦（因摩擦易生热）。

(7）拭浴时，在腋窝、腹股沟、腘窝等血管丰富处可稍用力并延长停留时间，以促进散热。

(8）禁止拍拭老年人的后颈部、胸前区、腹部及足底部位，以免引起不良反应。

二、为老年人热敷

热敷护理是指利用高于人体温度的物质作用于人体表面，通过神经传导引起皮肤和内脏器官血管的舒张，改变机体各系统体液循环和新陈代谢，达到镇痛、消炎、保暖和增进舒适感的目的。

1. 热敷的目的

（1）减轻深部充血：热敷可使局部血管扩张，促进血液循环，减轻深部组织的充血。

（2）促进炎症的消散和局限：热敷可使血管扩张，加速血液循环，促进组织中毒素的排出；还有利于坏死组织的清除与组织修复，使炎症局限。

（3）减轻疼痛：热敷可降低痛觉神经的兴奋性，改善血液循环，加速致痛物质的运出和炎症渗出物的吸收，从而减轻疼痛。

（4）保暖与舒适：热敷可促进血液循环，使体温升高，让老年人感到舒适。

2. 热敷的禁忌证

（1）急性腹部疾患尚未确诊前：热敷虽能减轻疼痛，但易掩盖病情真相而延误诊断和治疗。

（2）面部危险三角区感染化脓时：因该处血管丰富又无瓣膜，且与颅内海绵窦相通，热敷会使血管扩张，导致细菌和毒素进入血循环，使炎症扩散，造成严重的颅内感染和败血症。

(3) 各种脏器出血者：热敷可使局部血管扩张，增加脏器的血流量和血管的通透性，从而加重出血。

(4) 软组织挫伤、扭伤初期（48 h 内）：热敷会促进血循环，增加皮下出血、肿胀和疼痛。

(5) 皮肤湿疹、细菌性结膜炎：热敷后会使局部温度升高，促使细菌繁殖和分泌物增多，从而加重病情。

3. 热敷准备工作

(1) 环境准备：室内环境空气清新，温湿度适宜。

(2) 护理员准备：着装整齐，去除首饰，无长指甲，洗净双手。

(3) 用物准备：热水袋及布套、水温计、热水（60~70 ℃）；盆内盛热水（50~60 ℃），毛巾 2 条，必要时备隔水垫一块；坐浴溶液、坐浴盆、水温计、毛巾、大毛巾。

4. 热敷流程

(1) 向老年人及其家属介绍热敷的目的与注意事项，取得配合。

(2) 选择适合的热敷方法。

1) 热水袋热敷法：检查热水袋有无破损。将热水袋放平，一只手持袋口边缘，另一只手灌水，边灌边提高袋口，灌至容积的 1/2~2/3 满，逐渐放平以驱气，拧紧塞子，擦干倒提，确认无漏水。套好热水袋布套。置热水袋于所需位置，袋口朝向老年人身体外侧，并告知其注意事项。

2) 热湿敷法：暴露需要热敷的部位。将毛巾浸于热水中，拿出挤至不滴水为宜。抖开毛巾，以手腕内侧试温后，将热湿毛巾敷于患处。每 3~5 min 更换一次毛巾，更换毛巾时，注意观察局部皮肤情况，注意维持水温。持续 15~20 min。热敷结束后，擦干热敷部位。

3) 热水坐浴：向老年人及其家属介绍热水坐浴的目的与注意事项。将坐浴溶液倒入盆中 1/2 满，水温调至 40~45 ℃。按医嘱要求倒入药液。遮挡老年人，协助老年人将裤子脱至膝盖部，先用纱布蘸拭，其臀部皮肤适应水温后再让其坐入盆中，腿部用大毛巾遮盖。一般坐浴时间为 15~20 min，坐浴过程中要时常询问老年人的感受。坐浴结束后，用毛巾擦干老年人的臀部，协助其穿裤。

（3）热敷的方式不同，时间也不相同，一般时间不超过 30 min。

（4）协助老年人取舒适卧位，整理床铺，清理用物。

5. 注意事项

（1）使用热水袋时，注意观察热敷的局部皮肤，以防烫伤。如发现局部皮肤潮红、疼痛，应立即停止使用。

（2）若老年人需要长时间用热敷保温，应告知其家属注意事项，及时更换热水。

（3）使用热水袋时，温度应控制在 50 ℃ 以内，可在热水袋布套外加层毛巾，以防烫伤。

（4）面部热湿敷者，热敷结束 15 min 后方能外出，以防感冒。

（5）坐浴过程中，应注意老年人的安全。随时观察老年人的面色和脉搏，如主诉乏力、头晕等，要立即停止坐浴。

三、为老年人护理压疮

压疮是指老年人因身体局部组织长期受压，血液循环障碍，发生持续性缺血、缺氧、营养不良而导致的水疱、溃疡或坏疽。

压疮本身不是原发疾病，大多是因其他原发病未得到良好的护理而引发的并发症。一旦发生压疮，不仅会增加老年人的痛苦，严重时还会继发感染引起败血症，甚至危及生命。因此，预防压疮和做好压疮的护理是养老护理员工作中的一项重要任务。

1. 压疮形成的原因

（1）局部组织长时间受压：卧床的老年人长时间不改变体位，局部组织受压过久，出现血液循环障碍；使用石膏的老年人因绷带、夹板固定时松紧不适宜，衬垫不当等致使局部血液循环不良。

(2）潮湿对皮肤的刺激：皮肤经常受到汗液、尿液、各种渗出液的刺激，引起皮肤酸碱度的改变，致使表皮角质层的抵抗力下降，皮肤组织破损，容易激发感染。

(3）全身营养不良：全身营养不良和水肿的老年人，皮肤变薄，抵抗力减弱，皮肤受力后容易破损；老年人营养摄入不足，则蛋白质合成减少，皮下脂肪减少，肌肉萎缩，受压处缺乏肌肉和脂肪组织的保护，引起血液循环障碍，因而易发生压疮。

2. 压疮的分期

根据压疮的发展过程和轻重程度，可将压疮可分为四期：

(1）淤血红润期：此期为压疮的初期。局部皮肤受压或受到潮湿刺激后，出现暂时性血液循环障碍，表现为红、肿、热、麻木或触痛。解除压力 30 min 后，老年人皮肤颜色不能恢复正常。此期皮肤依旧是完整的，如加强护理，可阻止压疮进一步的发展。

(2）炎性浸润期：红肿部位继续受压，血液循环仍得不到改善，静脉回流受阻，局部静脉淤血。皮肤受压表面呈青紫色，皮下产生硬结，表皮形成水疱，极易破溃，老年人有疼痛感。

(3）浅度溃疡期：静脉回流严重障碍，局部淤血致血栓形成，组织缺氧、缺血。皮肤破溃，表皮水疱逐渐扩大、破溃，创面有黄色渗出物，感染后脓液流出，形成溃疡，疼痛加重。

(4）坏死溃疡期：坏死组织侵入真皮下层和肌肉层，感染向周围及深部组织扩展，可深达骨面。脓性分泌物增多，坏死组织发黑，有臭味，甚至可引起败血症，危及老年人生命。

3. 压疮的好发部位

压疮好发于受压和缺乏脂肪组织保护、无肌肉包裹或肌层较薄的骨骼隆突处。老年人卧位不同，其受压点及好发部位也不同。

(1）仰卧位：好发于老年人的枕骨、肩胛部、手肘部、骶骨、足跟部。

（2）侧卧位：好发于老年人的耳廓、肩峰部、肘部、股骨粗隆、膝关节的内外侧、内外踝处。

（3）俯卧位：好发于老年人的耳廓、面颊部、肩部、手肘、前胸、男性生殖器、膝部、脚趾处。

（4）坐位：好发于老年人的枕骨、肩胛骨、坐骨结节、足跟。

4. 压疮的预防方法

绝大多数压疮是能够预防的，养老护理员可根据老年人的情况给予精心的护理，将压疮的发生率降至最低。压疮预防的关键在于消除其发生的原因，因此，要做到"六勤一好"，即勤观察、勤翻身、勤按摩、勤擦洗、勤整理、勤更换、营养好。养老护理员需做到以下护理措施，帮助老年人防止压疮的发生。

（1）避免老年人的局部组织长时间受压。

1）定时翻身，解除局部组织持续受压：经常翻身是最简单而有效地解除压力的方法。一般每2h翻身一次，翻身时先将老年人的身体抬起来，再挪动位置，避免拖、拉、推等，以防擦伤皮肤。

2）保护骨骼隆突处：将老年人体位安置妥当后，可在其身体空隙处垫软枕或海绵垫。

3）正确观察石膏绷带及夹板固定部位：照护有石膏或夹板固定的老年人时，要注意观察老年人局部皮肤的颜色、温度等，认真倾听老年人的感受，如有异常，要及时告知老年人的家属及医生。

（2）避免潮湿刺激。照护大小便失禁、出汗及分泌物多的老年人时，应及时帮老年人擦洗干净，保护其皮肤免受刺激。要保持床铺清洁干燥、平整、无碎屑，及时更换被污染的被褥。不可让老年人直接平卧在橡胶垫或塑料布上。

（3）避免摩擦力和剪切力。

1）协助老年人翻身、更换床单及衣服时，一定要抬起老年人的身体，避免拖、拉、推等动作，以免形成摩擦力而损伤皮肤。

2）老年人半坐时，注意防止其身体下滑。

3）协助老年人使用便器时，应帮助老年人抬高臀部，不可硬塞、硬拉，以免损伤皮肤。

（4）促进局部血液循环。对于易发生压疮的老年人，要经常检查其受压皮肤情况，用温水热敷并进行局部按摩，以促进血液循环。

（5）增进老年人的营养摄入。营养不良是导致压疮的内在因素之一，也是影响压疮愈合的因素。良好的营养是创面愈合的重要条件。因此，在病情允许的情况下，应给予老年人高蛋白、高维生素及富含锌元素、易于消化的饮食，以增强其机体抵抗能力和组织修复能力。

5. 压疮的护理方法

（1）瘀血红润期的护理。此期的护理原则是去除导致压疮的因素，加强护理，防止压疮继续发展。养老护理员需增加老年人的翻身次数，避免老年人的局部组织长时间受压；避免老年人的皮肤受潮湿、摩擦和排泄物的刺激；合理安排饮食，改善老年人的营养状况。

（2）炎症浸润期的护理。此期的护理原则是保护皮肤，避免感染。除继续加强上述措施，还要对未破的小水疱减少摩擦，防止其破裂感染；对表面进行碘伏消毒、无菌纱布覆盖，使其自行吸收；大水疱需要去医院进行处理，由护士在无菌操作下用注射器抽出疱内液体，涂消毒液后包扎好。

（3）溃疡期的护理。溃疡期的护理必须由医生或护士来进行，如果发生在家中，养老护理员应告知老年人家属及时就医；若发生在医院，养老护理员应听从医护人员的指导，协助进行照护。

1）浅度溃疡期：此期的护理原则是解除压迫，清洁创面，促进创面愈合。

2）坏死溃疡期：此期的护理原则是解除压迫，清洁创面，去除坏死组织，保持创面引流通畅，促进肉芽组织生长。

四、协助卧床老年人翻身

1. 准备工作

（1）环境准备：室内光线适宜，关闭门窗、调节室温在 24~26 ℃ 为宜。

（2）护理员准备：着装整齐，去除首饰，无长指甲，洗净双手。

（3）用物准备：枕头 3 个。

2. 操作步骤

（1）告知老年人准备协助其翻身，以取得配合，如老年人身上有导管或输液装置，要先安置妥当。

（2）老年人取仰卧位，双手放于腹部，双腿屈曲。

（3）养老护理员先将手放于老年人肩部，抬起老年人，使其头部、肩部向近侧移动；再将手放于老年人髋部，抬起其臀部向近侧移动；最后将老年人双下肢移向近侧。

（4）养老护理员一只手托肩、另一只手扶膝，轻轻将老年人转向对侧，使老年人背向养老护理员。

（5）认真检查老年人受压部位的皮肤，尽早发现异常，尽早处理。

（6）调整好老年人的姿势，将老年人上腿弯曲，下腿稍屈曲。在其背部、胸前、两膝之间各放一个枕头，如图 3-8 所示。

（7）检查各导管是否运行通畅，拉平老年人的衣服，整理床单，为老年人盖上被子，询问老年人感受。

3. 注意事项

（1）若老年人携带各种导管，如输液管、尿管、引流管等，养老护理员在协助其翻身前，应将导管安置妥当；在翻身后，检查并保持各导管通畅。

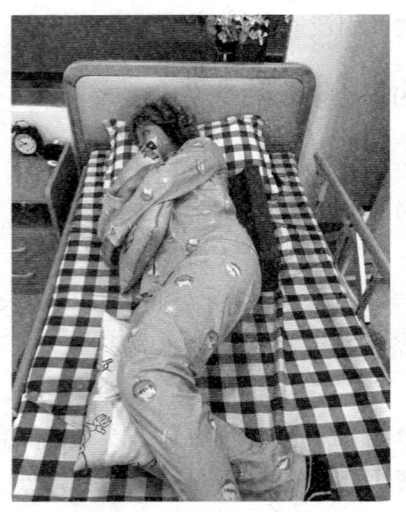

图 3-8　卧床老年人睡姿

（2）若老年人体表皮肤有破损或刀口，要注意破损或伤口位置，以防压迫造成疼痛。

（3）移动老年人时，应先将老年人的身体稍抬起，再进行翻身。不可拖、拉，以免擦伤皮肤。

（4）建议每 2 h 帮助卧床老年人翻身一次，可以有效预防压疮的发生。

模块 3　老年人用药照护

一、老年人用药原则

老年人慢性疾病的发病率高，其用药种类约为年轻人的 3 倍，且老年人常常同时服用多种药物，也增加了药物相互作用和不良事件的发生风险。养老护理员需指导老年人听从医护人员的指导合理用药。合理用药是指根据疾病种类、老年人状况和药理学理论选择最佳的药物及制剂，制订或调整给药方案，以期有效、安全、经济地防治和治愈疾病的措施。

1. 受益原则

老年人用药要有明确的指征。只有在治疗的益处大于风险的情况下才可用药，同时要选择疗效确切且不良反应小的药物。选择药物时要考虑老年人的既往疾病及各器官的功能情况，对有些病症不要急于用药，如失眠、多梦等，可通过改变生活习惯来改善。

2. 5种药物原则

老年人人均服用药物数量为7.5种，多重用药比例高达64.8%。过多使用药物会增加药物的相互作用，40%的非卧床老年人处于药物相互作用的危险之中。联合用药种类越多，药物发生不良反应的可能性就越高，所以用药种类应尽量简单，最好控制在5种以内，并遵医嘱服用药物。

3. 小剂量原则

养老护理员要严格按照医嘱控制老年人的用药量，一般会从小剂量开始，逐渐达到适宜个体的最佳剂量，并且要遵守剂量个体化原则，根据老年人的年龄、健康状况、治疗反应等进行综合考虑。

4. 择时原则

择时是指根据时间生物学和时间药理学的原理，选择最合适的用药时间进行治疗，以提高疗效和减少不良反应。许多疾病的发作、加重与缓解都具有昼夜节律的变化，例如夜间容易发生变异型心绞痛、脑血栓和哮喘，类风湿关节炎常在清晨出现关节僵硬等。因此，进行择时治疗时，主要根据疾病的发作、药动学和药效学的昼夜节律变化来确定最佳用药时间。

5. 暂停用药原则

暂停用药是现代老年病学中最有效的干预措施之一。养老护理员需密切观察老年人的用药反应，一旦出现新的症状，应考虑为药物的不良反应或是病情进展，要及时向医生反映，并遵医嘱停药或调整用药。

二、照护老年人口服给药

口服药物是临床上和日常生活中最常用的给药方法，具有方便、经济、安全的特点。但口服给药吸收慢，不适用于急救、意识不清、呕吐不止的老年人。

1. 用药基本知识

（1）口服给药。

1）药物的品种、剂量和时间，均应听从医生的指导，不可擅自给老年人服药或增减药物剂量，并妥善保管好药物的包装和说明书。

2）口服药物应用白开水送服，避免饮用果汁、牛奶、茶水等，以免影响药物疗效。

3）为鼻饲老年人喂服药物时，应将药物研磨成粉末，用水溶解后，从胃管注入。

4）中药与西药应错开时间服用，两者间至少间隔1~2 h。

5）根据药物的性质，合理掌握服药方法。

①抗生素及磺胺类的药物必须准时给药，以维持药物在血液中的有效浓度。

②健胃药应饭前服用，可刺激味觉感受器，促进消化液分泌，增加食欲。助消化药和对胃黏膜有刺激性的药物宜饭后服用，有利于促进消化，减少药物对胃黏膜的刺激。

③服用磺胺类药物时应多饮水，因药物经肾脏排出，尿少时易析出结晶，引起肾小管堵塞。

④止咳糖浆对呼吸道黏膜有安抚作用，服用后半小时不宜饮水，以免冲淡药液，降低疗效。同时服用多种药物时，应最后服用止咳糖浆。

⑤服用强心苷类药物前，养老护理员要先为老年人测量脉率（心率）及节律，若脉率低于60次/分钟或节律异常时，应暂停服药并告知医生或老年人家属。

⑥对牙齿有腐蚀作用或使牙齿染色的药物，如酸剂、铁剂，服用时应叮嘱老年人避免药物与牙齿接触，可用吸管吸入，服药后及时漱口。

⑦吞服缓释片、肠溶片、胶囊时，叮嘱老年人不可将其嚼碎。

⑧注意观察老年人用药后的反应。若出现异常，及时就医。

（2）储存药物。

1）正常情况下，药物应保存在阴凉、干燥的地方。妥善保管好药物的包装和说明书，以避免服药方法和服用剂量出现错误。

2）不要将不同的药物储存在同一包装或容器中，避免药物变质或药物作用受到影响。

3）药物由瓶内取出后应避免再倒回去，以防污染整瓶药物。

4）易被热破坏的药物，须放在冰箱内保存（冷藏温度为2~10℃），如胰岛素、双歧杆菌等。

5）易挥发、易潮解的药物，须装瓶密闭保存，用后拧紧瓶盖，如糖衣片等。

6）易氧化、遇光易变质的药物，须装入有色密封瓶中置于阴凉处，如维生素C、氨茶碱等。

（3）特殊用药。

1）安眠药或助眠药，需养老护理员协助老年人口服，严格把控数量。

2）对精神异常的老年人，养老护理员要保管好药物。老年人服药后,养老护理员要检查其口腔,确认老年人咽下药物后方可离开。

2. 协助老年人口服药物

(1) 准备工作。

1) 环境准备:室内环境空气清新,温湿度适宜。

2) 护理员准备:洗净双手,核对药名,严格按照医嘱正确取药。

3) 用物准备:水杯、温水、药杯、药物、抽纸。

(2) 服药流程。

1) 告知老年人到服药时间,并告知其服用药物的名称及作用,以取得配合。

2) 服用固体药物:协助老年人取舒适卧位,若病情允许,取坐位或立位。养老护理员拿药时,将药品或药盒的正面朝向自己,核对好药物的名称、剂量;取出所需的药物剂量,放入药杯内;水杯中倒入温开水(40~45 ℃),让老年人先喝水或使用吸管,湿润口腔;将药杯递给老年人。老年人先将药物放入口中,再喝水辅助送药。协助老年人口服固体药物如图3-9所示。

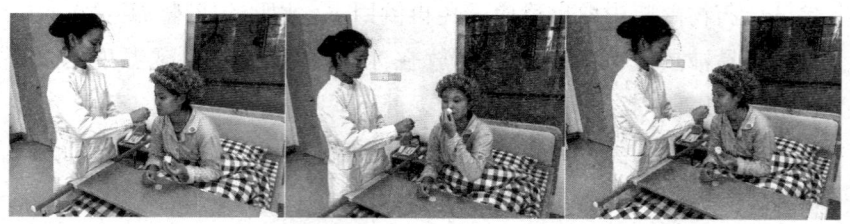

图3-9 协助老年人口服固体药物

3) 服用液体药物:检查药物的性质并将其摇匀;打开瓶盖,将瓶盖内面朝上放置在桌上;用量杯取药液,一只手持量杯,拇指置于所需刻度处,确保剂量刻度与视线平行,以保证剂量准确;另一只手持药瓶,瓶签向手心,先倒药液至所需刻度处,再倒入药杯内；倒毕，用湿纱布擦净瓶口，盖好瓶盖，将药物放回原处。如需服用多种药液，更换药液时应先洗净量杯。将药杯递给老年人，协助老年人服药，如图 3-10 所示。

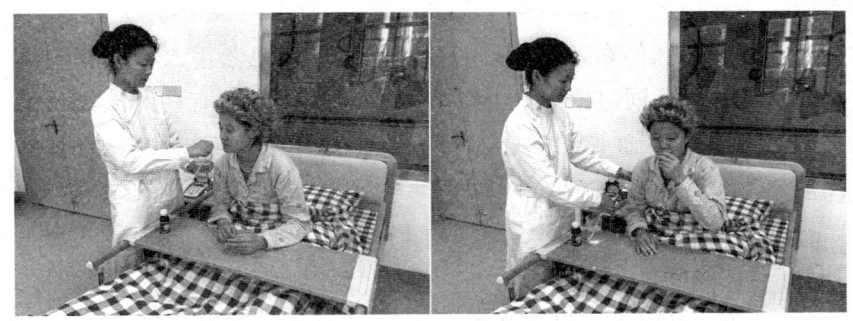

图 3-10　协助老年人口服液体药物

4）协助老年人取舒适体位，随时观察老年人服药后的反应。

5）将药杯或量杯洗净，先浸泡消毒，再冲洗干净，备用。

（3）注意事项。

1）严格按照医嘱照护老年人服药，养老护理员不得擅自停药或增减药物剂量。

2）老年人服药后，若出现异常情况，养老护理员要及时与老年人家属或医生取得联系，酌情处理。

三、照护老年人使用外用药

1. 滴眼剂的使用

滴眼剂是指由药物制成供滴眼用的溶液，一般眼膏和眼用凝胶也属于滴眼剂。由于滴眼剂属于灭菌制剂，由角膜直接吸收，因此使用滴眼剂时一定要注意手部卫生。上错药会带来严重后果，因此，养老护理员要认真核对药瓶上的药名、用法、给药时间、药品有效期等。使用液体滴眼剂前，应先将药瓶摇一摇，如果发现药液浑浊或有絮状团块，表明药水已被污染，切勿再用。为了保证疗效，养老护理员为老年人上药前，应清洗干净老年人的眼部分泌物，并告知其如何配合。上药时要注意避免交叉感染，两眼都滴药时，先滴健眼、后滴病眼，先滴轻眼、后滴重眼。操作过程中注意瓶塞口、瓶口不可触及任何东西，包括眼睑、睫毛，以免老年人不适和污染药液。若数种药同时使用，中间须间隔 5~10 min。有些药液经角膜吸收后会引起心血管和呼吸系统中毒，要注意观察老年人的全身反应。

（1）准备工作。

1）环境准备：室内环境空气清新，温湿度适宜。

2）护理员准备：着装整齐，去除首饰，无长指甲，洗净双手。

3）用物准备：滴眼剂、纸巾、棉签。

4）老年人准备：老年人平卧。

（2）使用流程。

1）向老年人说明使用滴眼剂的目的与过程，以取得配合。

2）核对所用药物名称、剂量、有效期、用法，以及用药部位等。

3）摇匀滴眼剂，协助老年人仰卧平躺。

4）检查老年人的眼睛，如有分泌物，则要用无菌棉签擦拭干净。

5）一只手轻轻翻起老年人一侧上眼睑，并叮嘱老年人向下方看。轻轻将滴眼剂滴 2 滴在上眼睑内侧。

6）叮嘱老年人闭眼并用手轻压眼内角，轻轻转动眼球。另一侧眼睛采用同样方法。

（3）注意事项。

1）使用滴眼剂前应先摇匀药液。

2）滴入滴眼剂时动作应轻柔，避免损伤老年人的角膜。

3）白天宜用眼药水，临睡前应用眼膏涂敷，这样既不影响生活又可延长药物附着在角膜上的时间,维持药物的有效浓度。

2. 滴耳剂的使用

滴耳剂是指用于耳道内的液体制剂,主要用于耳道感染或疾患的局部治疗。滴药前应使用棉签将耳道内的分泌物擦拭干净,以保证疗效。滴药时,先将药瓶在手中握一会儿,当药液温度与体温接近时摇匀后使用,以免引起内耳反应。一般每日 2 次,每次用药 5~10 滴或遵医嘱用量,滴药后须轻轻地抚揉、压迫耳郭,使药液进入中耳腔,保持原位 3~5 min 后,再滴另一只耳朵。注意观察滴药后,老年人是否有刺痛或灼热感,通常连续用药 3 天,患耳仍疼痛应停药就医。

(1)准备工作。

1)环境准备:室内环境空气清新,温湿度适宜。

2)护理员准备:着装整齐,去除首饰,无长指甲,洗净双手。

3)用物准备:滴耳剂、纸巾、棉签。

4)老年人准备:老年人侧卧。

(2)使用流程。

1)向老年人说明使用滴耳剂的目的及过程,以取得配合。

2)认真核对所用药物名称、剂量、有效期,以及用药部位。

3)协助老年人取右侧卧位,使其左耳朝上,用棉签擦拭老年人的外耳道。

4)将滴耳剂在手中握一会儿,避免过凉。

5)用右手将老年人的耳郭向后上方轻轻牵拉,使耳道变直,用左手持药液瓶,将掌跟轻置于耳旁。将药液沿耳道后壁滴入外耳道内 5 滴。轻轻压住老年人的耳屏,使药液充分进入中耳。如图 3-11 所示。

6)指导老年人保持右侧卧位 5 min。另一侧耳朵采用同样方法。

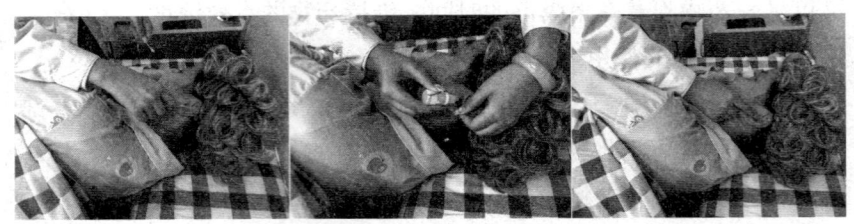

图 3-11 协助老人使用滴耳剂

（3）注意事项。

1）若老年人有耳聋、耳道不通或耳膜穿孔等，不应使用滴耳剂。

2）耳部滴药后，让老年人保持原体位 5 min，以利于药物吸收。

3. 滴鼻剂的使用

为老年人滴药前，养老护理员要指导老年人将鼻涕等分泌物排出；要叮嘱老年人先吸气，头尽量向后仰，再滴药，以使药液尽量到达较深部位，充分发挥药效。通常每次滴药 2~3 滴，滴药时注意瓶口不要碰到老年人的鼻子。

（1）准备工作。

1）环境准备：室内环境空气清新，温湿度适宜。

2）护理员准备：着装整齐，去除首饰，无长指甲，洗净双手。

3）用物准备：滴鼻剂、纸巾、棉签。

4）老年人准备：老年人坐位或平卧。

（2）使用流程。

1）向老年人说明使用滴鼻剂的目的及过程，以取得配合。

2）认真核对所用药物名称、剂量、有效期，以及用药部位。

3）协助老年人取坐位，并叮嘱其将鼻腔内分泌物排出。

4）用干净的棉签蘸温盐水浸软老年人鼻腔内干痂，取出干痂并将鼻腔擦拭干净。

5）叮嘱老年人先吸气，头尽量向后仰。取滴鼻剂向老年人的两侧鼻腔内各滴入3滴。叮嘱老年人仰卧1~2 min后再坐起。

6）清理用物，处理污物，洗手。协助老年人取舒适体位。

7）根据药物的作用及不良反应，观察、询问并记录老年人用药后的感受。定时为老年人测量体温。

（3）注意事项。

1）如果鼻腔内有干痂，先用干净棉签蘸温盐水清洗浸泡，待干痂变软取出后再滴药。

2）滴药后保持仰位1~2 min，以利于药物吸收。

3）若药液流入口腔，可叮嘱老年人将其吐出。

模块4　老年人感染防控

一、手卫生

手卫生是控制感染的重要手段，通过手部消毒，可以有效降低感染率。尤其是照护有感染的老年人时，手部消毒可以防止将外界细菌、病毒传染给老年人，也可以防止被老年人自身携带的细菌和病毒所感染或间接传染给其他人。手部清洁最常用的方法就是洗手。进行手部清洁的5个关键时点为：接触老年人前，清洁、无菌操作前，接触老年人后，接触老年人血液、体液后，接触老年人周围环境后。

1. 准备工作

（1）环境准备：室内环境空气清新，温湿度适宜。

（2）护理员准备：着装整齐，去除首饰，无长指甲。

（3）用物准备：香皂或洗手液、擦手纸。

2. 洗手流程（如图 3-12 所示）

（1）使用流动的水冲洗双手，取适量香皂或洗手液。

（2）五指并拢，掌心对掌心揉搓。

（3）五指分开交叉，掌心对手背揉搓，双手交替进行。

（4）五指分开交叉，掌心对掌心揉搓。

（5）一只手的手指并拢，指关节弯曲，在对侧掌心揉搓，双手交替进行。

（6）一只手握住另一只手的拇指旋转揉搓，双手交替进行。

（7）双手分别揉搓手腕。

（8）弯曲各手指关节，指尖在另一只手的掌心旋转揉搓，双手交替进行。

（9）再次使用流动清水冲洗干净。

（10）取干净擦手纸擦干双手。使用擦手纸垫着关闭水龙头。必要时涂抹护手霜。

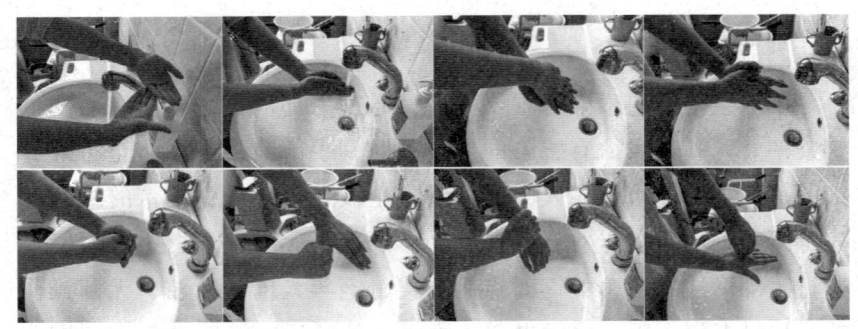

图 3-12　洗手流程

3. 注意事项

（1）手部不能佩戴戒指等饰品。

（2）冲洗时，指尖应向下。

（3）注意洗净指尖、指缝、拇指、指关节等处。

(4) 注意调节水的温度和流量,避免污染环境及溅湿衣物。

(5) 应按手指皮肤的纵横纹路进行揉搓。

二、老年人居室清洁消毒

1. 准备工作

(1) 环境准备:室内环境空气清新,温湿度适宜。

(2) 护理员准备:着装整齐,去除首饰,无长指甲,洗净双手,戴口罩、手套,必要时戴护目镜。

(3) 用物准备:消毒液(原液)、装有 3 000 mL 清水的脸盆、抹布 2 块、拖布,必要时准备气溶胶喷雾器。

(4) 老年人准备:协助老年人离开卧室,到其他安全的地方休息。

2. 清洁消毒流程

(1) 向老年人说明准备进行环境及物品清洁消毒,取得老年人的配合。协助老年人离开即将进行清洁的房间,送至安全、温暖的地方休息。

(2) 准备好清洁消毒的工具,携用物进入房间,开窗通风。

(3) 收拾垃圾。将垃圾桶内的垃圾收集好并放置玄关处,在垃圾桶内放入新的垃圾袋。

(4) 整理床铺。将床单拉平,用扫床刷将床单上的碎屑清扫干净,拍松枕头,拉平被子,必要时予以更换床上用品。

(5) 整理用物。将房间内的物品整理好并放置到原位。

(6) 初步除尘。用拧干的湿抹布,自上向下、自内向外擦拭窗台、床头柜、床头、书桌、用物等表面。

(7) 戴好橡胶手套、口罩,按照消毒液说明书或瓶身的说明,取适量消毒液原液倒入装有清水的专用消毒盆内,配制成浓度为 0.05% 的含氯消毒液。

（8）先将干净的抹布浸泡在浓度 0.05% 的含氯消毒液中，然后拧干，直接擦拭需要消毒的家具表面，如床头柜、床头、书桌等。

（9）消毒液抹布擦拭半小时后，用清水抹布再次擦拭家具表面，以防消毒液残留损伤家具表面。

（10）先用拧干水分的湿拖把自内向外清洁地面；再将拖把浸入浓度为 0.05% 的含氯消毒液中，控干后拖地；静待半小时后再次用拧干的湿拖把清洁一遍地面，以防消毒液残留损伤地板或引起人员滑倒。

（11）继续开窗通风直至室内空气清新。

（12）将抹布、拖把清洁干净后晾干。将消毒液瓶盖拧紧，放置在安全位置。

（13）协助老年人返回房间，取舒适体位。

3. 注意事项

（1）不耐腐蚀的金属表面可采用浓度为 75% 的乙醇溶液擦拭，多孔材料表面可采用浓度为 0.1% 的含氯消毒液喷雾进行消毒。

（2）空气消毒一般采用过氧化氢溶液进行喷雾消毒。

（3）消毒地面前，应将老年人安置于床上或沙发上，并叮嘱其勿走动，以防滑倒或摔倒。

（4）由于浓消毒液有刺激性和腐蚀性，所以配制时须戴好口罩、橡胶手套。

（5）消毒液对金属有腐蚀作用，对织物有漂白作用，故不宜用于金属制品、有色衣服和油漆家具的消毒。

（6）为保证消毒液的消毒效果，消毒液应尽量现用现配，保存于密闭容器内，并置于阴凉、干燥、通风处。

第4单元 疾病照护

模块1 陪伴老年人就诊

老年人因体质下降,容易患各类疾病,养老护理员需要熟练掌握正确的就医方法,能协助老年人完成就诊的整个过程。

一、诊前准备

1. 了解老年人的健康状况

(1) 了解老年人的疾病情况:如老年人曾患过哪些疾病、是否进行过长期治疗、有无药物过敏史、服药的情况以及服药后的反应等。

(2) 了解老年人的生活起居情况:如老年人的精神、饮食、排泄和活动情况,情绪的变化和心理状态,身体各部位有无异常变化等。

(3) 了解老年人的发病过程:简明扼要地向医生陈述此次老年人所感到的不适、发病时间、伴随症状、处理经过及治疗效果等,并如实回答医生的询问。

2. 正确选择就诊医院

(1) 了解就诊医院的地理位置:要提前确认就诊医院的地理位置,做好路况调查、出行计划。首选离家较近的医院,可避免长时间坐车给老年人造成的不适或延误病情。

（2）了解就诊医院及专家的情况：可通过医院公众号了解医院概况及专家信息，避免仓促就医，以节省就诊时间和费用。

（3）了解门诊开放时间：综合医院的门诊开放时间一般为周一至周五的白天，急诊为 24 h 开放。

（4）选择合适的就诊时间：可提前通过电话咨询或网上预约挂号的方式安排好就诊时间，若不是急症，可避开就诊高峰期。

3. 物品准备

（1）携带相关的病历资料：老年人的门诊病历、就诊卡、既往的辅助检查结果、化验报告等，方便医生查看既往病史，协助诊断。

（2）携带相关证件：老年人的身份证、户口本等证件、社保卡等。

（3）携带足够的资金：老年人可根据自己的病情携带现金、银行卡或信用卡等，以保证相关检查和治疗顺利进行。

（4）药品准备：根据老年人的病情携带必要的药品，如患心脏病的老年人需携带速效救心丸，患哮喘的老年人应随身携带平喘气雾剂等。

（5）日常用品准备：携带水杯、纸巾、雨伞等。

（6）衣着准备：协助老年人穿着宽松、舒适的衣服和鞋袜，最好穿开襟的衣服，以方便检查和治疗。

（7）妆容的准备：叮嘱老年人就诊前不要化妆，有许多疾病如心脏病、肺结核、肝疾病、贫血等，医生可根据其神态、气色观察病情。

（8）特殊检查前的准备：如需做静脉抽血、腹部 B 超等，需要老年人在空腹的情况下进行检查。但是，为防止空腹的老年人在就医过程中出现低血糖等情况，养老护理员应为其携带适当的食品。

（9）心理准备：有些老年人发现自己生病后，会忧心忡忡、过于急躁，导致焦虑、紧张等不良情绪的出现，从而引起身体内在变化和反应，如血压的不稳定、心率加快等。所以在就诊前，养老护理员或老年人的家属应尽量安慰患者，使其心情平静。

二、就诊流程

1. 就诊咨询及挂号

医院门诊部都设有咨询台和咨询服务人员，如果老年人自己无法正确选择就诊科室，养老护理员要询问清楚后再挂号。

2. 候诊

协助老年人携带挂号发票和门诊病历到就诊科室分诊台等待就诊。

3. 就诊

按照护士的呼叫，协助老年人到相应诊室进行就诊。就诊时可协助老年人向医生如实叙述病情，回答医生的有关询问，并在征得老年人同意后，协助完成医生所做的相关身体检查。

（1）若医生对疾病做出初步诊断，提出治疗建议，在征得老年人同意后给予治疗或开具处方，养老护理员要陪同老年人交费后到药房取药。

（2）若医生对诊断存有疑问，需要进一步化验或做其他相关检查。此时，医生会征得老年人的同意，并根据具体情况开具各项检查单，养老护理员要陪同老年人交费后进行相关检查。

（3）对于病情较复杂，不宜在门诊进行诊断和治疗的老年人，医生会在征求老年人及其家属的同意后开具留观处方或住院通知单，养老护理员要协助办理相关手续。

三、急诊就医

1. 急诊就医的情况

若老年人在家中突然发生意外或患重病，养老护理员要保持冷静,以最快的速度求助老年人的家属、邻居或拨打"120"急救电话。如发生下列情况必须紧急就医。

(1) 老年人突发意识不清、呼之不应,出现昏迷或休克等情况。

(2) 老年人出现心慌、胸闷、呼吸困难等情况。

(3) 既往有高血压病史的老年人,突然出现剧烈头疼、恶心、意识不清、昏迷等情况。

(4) 老年人突发各种意外伤害,如摔倒后身体剧烈疼痛且不能移动、异物窒息、各种外伤、自杀、溺水、电击、烫伤等。

(5) 突然不明原因的剧烈腹痛。

(6) 各种急性炎症或突发高热,体温在 38.5 ℃ 以上。

(7) 既往的慢性病史急性发作。

2. 呼叫救护车的注意事项

救护车内备有常见的医疗器械和抢救药品。当养老护理员发现老年人发生突发意外情况时,需第一时间与老年人的家属取得联系,并立刻呼叫救护车。

(1) 要准确拨打医疗救护中心电话,我国统一的急救号码是"120"。

(2) 电话接通后,说清楚老年人的主要病情或症状、详细地址或标志性建筑物、联系电话等信息。

(3) 有特殊情况时,可在"120"急救人员的电话语音指导下,对老年人进行初步处理或急救。

(4) 若 20 min 内救护车仍未到达,可再次拨打"120"。

模块2 老年人常见疾病照护

老年疾病又称老年病,是指由于衰老引起的一系列与增龄相关的疾病及伴随的相关问题，包括衰老、长期疾病以及神经退行性病变引起的心理健康等相关问题。

随着年龄的增长，老年人的器官和功能会发生进行性、衰退性变化，常发生的疾病有慢性阻塞性肺疾病、高血压、糖尿病、骨质疏松症等，严重影响老年人的健康和生活质量。养老护理员要做好老年人常见疾病的预防和照护工作，维护和促进老年人的身心健康。

一、老年慢性阻塞性肺疾病及其照护

慢性阻塞性肺疾病（COPD）简称慢阻肺，是一种以气流受限的不完全可逆为特征的慢性肺部疾病，与慢性支气管炎和肺气肿密切相关，并会因呼吸功能不全导致肺动脉高压，进展为慢性肺源性心脏病和右心衰竭。

1. 一般照护

（1）有效排痰：老年人因咳嗽无力，常排痰困难，养老护理员要鼓励老年人摄入足够的液体，也可通过雾化、胸部叩击、体位引流的方法促进排痰。病情危重或体弱的老年人禁用体位引流。

（2）长期家庭氧疗：对患有慢性阻塞性肺疾病并发慢性呼吸衰竭的老年人，为提高其生活质量和生存率，需要对老年人进行家庭氧疗，一般采用鼻导管持续低流量吸氧 1~2 L/min，吸氧时间为 10~15 h/d。养老护理员需了解吸氧相关的方法及注意事项，能照护老年人按时吸氧。

2. 病情观察

养老护理员要掌握观察呼吸频率、深度、节律变化的方法，注意关注老年人咳、痰、喘症状及加重情况，尤其要注意痰液性状、黏稠度和痰量。密切观察老年人的体温变化，有无胸痛、刺激性干咳等症状。

3. 肺康复治疗

肺康复治疗可以改善老年人的活动能力、提高生活质量、减少住院时间与次数、改善老年人相关焦虑与抑郁症状，具体包括呼吸生理治疗、肌肉训练、营养支持、精神治疗等多方面措施。养老护理员应对肺康复治疗有初步了解，并能协助医护人员进行治疗。

（1）呼吸生理治疗：此治疗方法能够帮助老年人用力呼气，促进分泌物清除，使老年人放松。通过进行缩唇呼吸以及避免快速表浅的呼吸，来帮助老年人应对急性呼吸困难等。缩唇呼吸的方法是：老年人取立位或坐位，用鼻深吸气后，将口唇缩成小孔状，用力将肺内气体从缩小的唇孔中呼出，也可用一个细管代替唇孔呼气。此种训练可使支气管内压力上升，有利于呼吸肌的功能锻炼，同时使呼气延长，有利于减少肺的残气量。

（2）肌肉训练：根据医护人员的指导，老年人可以进行全身性运动（步行、登楼梯、踏车等）与呼吸肌锻炼（腹式呼吸锻炼等）。腹式呼吸训练方法是：老年人将一只手按住上腹部，在吸气时让腹部对抗手的压力慢慢隆起，呼气时腹部收缩，并用手轻轻下压，重复5~7次后休息片刻。老年人的膈肌萎缩，腹式呼吸功能退化，通过进行一定时间的腹式呼吸训练，能够提高膈肌的运动度，可较好地增加肺的通气量，提高老年人的呼吸功能。

（3）营养支持：指导老年人合理膳食，均衡摄入，遵循少食多餐原则，以3~5餐/天为宜，以达到理想体重；避免让老年人摄入高热量和高碳水化合物的食物，以免产生过多的二氧化碳。

（4）精神治疗：指导老年人放松心情，积极进行心理干预。

4. 心理照护

焦虑和抑郁会使患有慢性阻塞性肺疾病的老年人变得畏缩、疲乏，与外界隔离，对自己的生活满意度下降，同时会进一步加重失眠。养老护理员应与老年人的家属相互协作，鼓励老年人参加各种团体活动，发展个人的社交。老年人情绪的改善和社交活动的增加可有效改善其睡眠质量。

5. 健康指导

养老护理员可以向老年人介绍慢性阻塞性肺疾病的诱发因素、照护措施等基础知识；督促老年人戒烟；教会老年人及其家属长期家庭氧疗的方法与注意事项；提醒老年人注意自己的情绪，保持良好的心态。

养老护理员应鼓励老年人进行康复训练：可以进行骨骼肌运动训练项目，包括步行、踏车、打太极拳、打八段锦等，注意训练强度应为无明显呼吸困难情况下接近老年人的最大耐受水平，如此强度才能奏效；还可以进行肌运动训练，包括腹式呼吸、缩唇呼吸、对抗阻力呼吸、全身性呼吸体操等。

二、老年高血压及其照护

老年高血压是指老年人的年龄≥65岁，在未使用抗高血压药物的情况下，血压持续或非同日3次以上收缩压≥140 mmHg和/或舒张压≥90 mmHg。老年高血压的患病率很高，并会随着年龄的增长不断提高，是老年人多种疾病的重要发病原因。养老护理员需在以下几个方面做好照护。

1. 一般照护

流行病学调查表明高血压发病受环境因素的影响占比为60%，不良的环境刺激可加重老年高血压的病情，所以应为老年人创造良好的生活环境，如干净整洁、温湿度适宜、光线柔和等。

根据患有老年高血压的危险性层级，确定老年人的活动量。极高危组老年人需要绝对卧床休息；高危组老年人以休息为主，可根据身体耐受情况，指导其做适量运动；中危及低危组老年人应选择适合自己运动的方式并坚持运动，运动量及运动方式的选择以运动后自我感觉良好为标准。

2. 病情观察

老年人的血压波动较大,所以每日需定时、多次测量血压。老年人易发生直立性低血压,测血压时必须强调测量立位血压,同时注意观察有无靶器官损害的征象。关注老年人的血压是否得到有效控制,特别是清晨血压是否达标。若老年人清晨血压控制在135/85 mmHg 以下,则表示 24 h 血压得到了严格控制。若发现老年人意识发生改变,要让其绝对卧床休息,将床头抬高 15°~30°。

3. 用药护理

养老护理员要严格遵医嘱协助老年人口服药物,不可擅自增减药物。合理地选择降压药物有利于对血压的控制,更重要的是可以降低老年人心血管疾病的发病率与致死致残率,减少靶器官损害以及心血管事件的发生。

4. 心理照护

患老年高血压的老年人若情绪出现波动会加重病情,养老护理员应鼓励老年人用正向的调适方法,通过与家人、朋友建立良好的关系得到情感支持,保持乐观心态,提高应对突发事件的能力,避免情绪激动,从而获得愉悦的心情。

5. 健康指导

帮助老年人了解关于高血压的知识,使老年人明白定期检测血压、坚持长期治疗的重要性,避免出现不愿遵医嘱服药、不难受不服药、不愿服药的三大误区,养成定时定量服药、定时定体位定部位测量血压的好习惯。

通过减少总热量摄入以及增加体力锻炼的方法控制老年人的体重。老年人超重十分普遍,因此减重对预防以及缓解高血压有很大作用。养老护理员应引导老年人减少膳食脂肪,多补充优质蛋白,增加含钾量多、含钙量高的食物;减少烹饪用盐和含盐量高的调料,少食各种腌制食品；多食蔬菜和水果；戒烟酒，少喝咖啡；保持生活规律，保证充足睡眠，避免过度的脑力、劳动力和体力负荷。

最好在家中自备血压计，每天由养老护理员或老年人的家属定时为老年人测量血压并做好记录，尤其是在有自觉症状或情绪波动时，应及时测量，发现血压高于正常值时应及时就诊。还需定期为老年人做尿常规、心电图、血生化及眼检查等。

三、老年糖尿病及其照护

糖尿病是由多病因引起，以慢性高血糖为特征的代谢性疾病，是由于胰岛素分泌和/或利用缺陷所引起的。年龄≥60岁（世界卫生组织界定为年龄≥65岁）的糖尿病患者被定义为老年糖尿病患者。

研究显示，空腹血糖和餐后血糖均随年龄的增加有不同程度的升高，平均每增加10岁，空腹血糖上升0.05~0.11 mmol/L，餐后2 h血糖上升1.67~2.78 mmol/L。

老年糖尿病的诊断标准为：有典型糖尿病症状（反渴、多饮、多尿、多食、不明原因体重下降），随机血糖≥11.1 mmol/L或空腹血糖≥7.0 mmol/L或餐后2 h血糖≥11.1 mmol/L。养老护理员需在以下几个方面做好照护。

1. 饮食和运动

调整饮食是治疗糖尿病的基本方法，为预防低血糖的发生，老年人的饮食可选择一日五餐或六餐。患糖尿病的老年人肌肉含量较低，应适当增加蛋白质的摄入。要合理膳食，均衡营养，预防老年人营养不良。

运动应个体化，循序渐进、量力而行、持之以恒，患糖尿病的老年人应以低、中强度的有氧运动为主，如快走、慢跑、韵律健身操、游泳、打太极等。运动最佳时间应安排在餐后1 h，每次运动

20 min，每周 5~7 天，最好每天运动。同时，要注意让老年人在运动前适度活动关节，以预防跌倒、骨折。在运动前后都要对鞋袜及足部进行检查。

2. 用药指导

向老年人及其家属讲解按时服药的重要性，通过医护人员了解降糖药的种类、剂量、服药时间与方法、注意事项等。若老年人需要注射胰岛素，养老护理员要掌握胰岛素的注射方式和注意事项。

3. 健康指导

结合患糖尿病老年人的特点进行个性化健康教育，鼓励老年人参加各类活动学习糖尿病的相关知识，如座谈会、专题讲座等。

4. 为老年人测量血糖

（1）准备工作。

1）环境准备：室内环境空气清新，温湿度适宜。

2）护理员准备：着装整齐，去除首饰，无长指甲，洗净双手，佩戴口罩。

3）用物准备：血糖仪、血糖试纸、采血针、医用无菌棉签、浓度为 75% 的酒精消毒液。

4）老年人准备：老年人指端皮肤良好，无硬结，无疤痕，测量时间适宜。

（2）测量流程。

1）检查血糖仪器及血糖试纸，确保其性能良好，可以使用。

2）告知老年人即将测量血糖，协助老年人取舒适体位，便于操作。

3）选择测量部位，评估测量处皮肤情况，协助老年人增加测量部位的血液循环。

4）安装血糖试纸于血糖仪上，避免血糖试纸受到污染。

5）取采血针，养老护理员用一只手扶住老年人采血手指端下部，避免用力挤压手指，另一只手用采血针在指尖一侧刺破皮肤，深度合适，如图 4-1 所示。

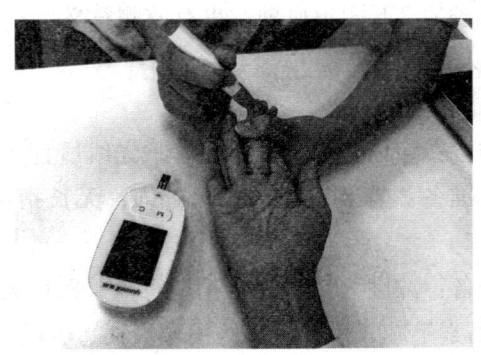

图 4-1 测量血糖

6）待血液渗出，养老护理员取无菌干棉签轻轻拭去第一滴血，采集第二滴血样于试纸的测试区上。

7）等待测试结果，避免移动血糖仪和血糖试纸，取干棉签按压采血处至不出血为止。

8）读取血糖数值，告知老年人并做好记录。如数值有异常，养老护理员应立即告知老年人的家属及医护人员。

9）观察采血部位是否已止血。协助老年人取舒适体位。

10）整理用物，将使用后的血糖仪、血糖试纸、采血针、棉签等按规定要求进行处理。

（3）注意事项。

1）老年人在测血糖时应选择适宜的采血部位，通常是选择手指的 U 形区。

2）选好采血部位后，先用酒精进行消毒，待消毒部位干燥后再采血。

3）第一滴血含有组织液或者没有挥发的酒精，要尽量采用第二滴血测量血糖。

（4）可征求医务人员的建议来确定测量血糖的时间，尽量选择空腹 8~12 h 或餐后 2 h 测量血糖，更有监测意义。

5. 为老年人注射胰岛素

（1）准备工作。

1）环境准备：室内环境清洁、安静，光线适宜。

2）护理员准备：着装整齐，去除首饰，无长指甲，洗净双手，佩戴口罩。

3）用物准备：浓度为 75% 的酒精消毒液、医用无菌棉签、胰岛素注射笔、胰岛素笔芯、锐器盒、医用垃圾桶、生活垃圾桶。

4）老年人准备：老年人了解胰岛素注射的目的、方法、注意事项、配合要点、药物作用及其副作用。取舒适体位，暴露注射部位。

（2）注射流程。

1）向老年人及其家属告知即将注射胰岛素，与老年人的家属共同确定胰岛素注射的部位、剂量、配合要点。

2）胰岛素回温。将胰岛素提前 30 min 从冰箱冷藏室中取出，在室温下回温。刚从冰箱里取出的胰岛素温度过低，活性没有达到最佳效果，直接注射也会引起身体不适；而在高温情况下，胰岛素会部分失效。

3）核对胰岛素的剂型，检查胰岛素笔芯有无破损或漏液，检查胰岛素笔芯中的药液性状，并确认是否在有效期内。

4）旋开胰岛素注射笔的笔帽，拧开笔芯架，将胰岛素笔芯装入笔芯架，拧紧。

5）将胰岛素注射笔平放在手心中，水平滚动 10 次，充分混匀瓶内药液。

6）撕掉注射针的保护片，顺时针拧紧针头，将剂量调节旋钮拨至 2 U，针尖向上直立，手指轻弹笔，使用前及更换笔芯后均应排尽笔芯内的空气。

7）携用物至老年人的床旁，跟老年人共同核对胰岛素名称、剂量和有效期。

8）选择适宜的注射部位，用医用无菌棉签蘸取75%的酒精对皮肤进行消毒，待干。

9）剂量显示窗为零，调整剂量选择环，在显示窗中选择相应剂量，核对并排气。

10）使用较短的针头时，大部分老年人无须捏起皮肤，并可90°进针；使用较长的针头时，需要捏皮，并45°角进针以降低肌内注射风险。快速按下注射键，应在拔出针头前至少停留10 s。

11）注射结束，用无菌干棉签轻压针刺处，快速拔针后按压片刻。

12）协助老年人取舒适卧位。

13）清理用物，洗手。记录注射的时间、剂量、部位等信息。

（3）注意事项。

1）注射胰岛素的时间和剂量要严格按照医护人员的要求，不得擅自更改时间及剂量。

2）做好注射部位的皮肤评估，如局部有硬结、皮肤破溃等，不宜注射。

3）注射结束后，做好记录工作。

四、骨质疏松症及其照护

骨质疏松症是一种以低骨量和骨组织微结构破坏为特征，导致骨质脆性增加和易于骨折的代谢性疾病。骨质疏松症按照病因可分为三大类型：原发性骨质疏松症、继发性骨质疏松症、特发性骨质疏松症。老年骨质疏松症属于原发性骨质疏松症Ⅱ型，占发病总人数的85%~90%，多见于60岁以上的老年人，女性发病率约为男性的 3 倍。患骨质疏松症的老年人极易发生骨折，是机体衰老在骨骼方面的一种特殊表现，主要涉及的部位是脊柱和髋骨。发生髋部骨折的患者一年内约有 15% 的患者死亡、50% 的患者残疾，因此骨质疏松症是引起老年人卧床率和伤残率增高的主要因素。养老护理员需在以下几个方面做好照护。

1. 一般照护

养老护理员应依据医护人员的建议，综合考虑老年人的年龄、性别、健康状况、体能等特点及运动史，引导老年人选择针对性的运动项目。对能运动的老年人，可每天进行适当的体育活动以增加和保持骨量；对因为疼痛而活动受限的老年人，可指导其每天进行关节的活动训练，以维持关节的功能位，同时进行肌肉的等长等张收缩训练，以保持肌肉的张力。

2. 饮食照护

良好的营养对于预防骨质疏松症具有重要意义，包括摄入足量的钙、维生素 D、维生素 C 以及蛋白质。65 岁以上的男性以及其他具有骨质疏松症危险因素的老年人，推荐钙的摄入量为 1 500 mg/d；维生素 D 的摄入量为 400~800 U/d。因此，要特别鼓励老年人多摄入含钙和维生素 D 丰富的食物，如奶类、鱼、禽类、蛋类、海产品、豆类及其制品等。提倡低钠、高钾、高钙和非饱和脂肪酸饮食，适量摄取蛋白质，避免酗酒、吸烟、饮用过量的浓茶、咖啡及碳酸饮料。

3. 用药照护

照护老年人按时服用钙剂，注意不可与绿叶蔬菜一起服用，以防影响钙的吸收。老年人在服药过程中要增加饮水量，通过增加尿量来减少泌尿系统形成结石的机会，并可防止便秘。

4. 心理照护

养老护理员要与老年人经常倾心交谈，鼓励其表达内心的感受，了解老年人忧虑的原因。加强对老年人的健康教育，使其了解骨质疏松症的基础知识，减轻老年人的焦虑、紧张心理；介绍康复的病例，增强老年人治疗的信心；鼓励老年人在积极配合治疗的同时，通过各种方式保持良好心态，如多参加各种交往活动、增加亲情互动的机会、创造良好的家庭氛围等。

5. 健康指导

养老护理员可为老年人讲解骨质疏松的相关知识，告知老年人预防更重要，做到尽早预防、长期指导。指导老年人每日适当运动和进行户外日光照晒；加强预防跌倒的宣传教育和保护措施，指导老年人维持良好的姿势，改变体位时动作应缓慢。必要时可指导老年人使用手杖和助步器，以增加其活动时的稳定性。

老年人的康复训练应尽早实施，在急性期应注意卧、坐、立姿势，卧位时应平卧、低枕、背部尽量伸直，坚持睡硬板床；坐位或立位时应伸直腰背，收缩腰肌和臀肌，增加腹压。

模块3　认知症老年人照护

认知症又称老年期痴呆，是指发生在老年期由于大脑退行性病变、脑血管性病变、感染、外伤、肿瘤、营养代谢障碍等多种原因引起的，以认知功能缺损为主要临床表现的一组综合征。认知症主要包括阿尔茨海默病、血管性认知症、混合性认知症和其他类型认知症，如额颞叶变性、路易体病、人类免疫缺陷病毒（HIV）感染、帕金森病、酒精依赖、外伤等引起的认知症。其中以阿尔茨海默病、血管性认知症为主，占认知症患者总人数的70%~80%。本模块主要介绍阿尔茨海默病。

一、阿尔茨海默病分期

1. 第一阶段（轻度，遗忘期，早期）：1~3 年

主要表现为：

（1）近期记忆减退。

（2）语言能力下降，找不出合适的词汇表达思维内容，甚至出现孤立性失语。

（3）空间定向不良，易迷路。

（4）日常生活中的高级活动（如做家务、管理财务等）出现困难。

（5）抽象思维和判断能力受损。

（6）情绪不稳，情感较幼稚或呈童样愉快，情绪易变，出现抑郁、偏执、急躁、缺乏耐心、易怒等反应。

（7）人格改变，如主动性减少，活动减少，孤僻，自私；对周围环境兴趣减少，对人缺乏热情；敏感多疑。

2. 第二阶段（中度，混乱期，中期）：2~10 年

主要表现为：

（1）完全不能学习和回忆新信息，远事记忆力受损但未完全丧失。

（2）注意力不集中。

（3）定向力进一步丧失，常去向不明或迷路，出现失语、失用、失认、失写、失计算等症状。

（4）日常生活能力下降，出现日常生活中基本活动困难，如洗漱、梳头、进食、穿衣及大小便等需别人协助。

（5）人格进一步改变。如兴趣更加狭窄；对人冷漠，甚至对亲人漠不关心；言语粗俗，无故打骂家人；缺乏羞耻感和伦理感，行为不顾社会规范；不修边幅，不知整洁；将他人之物据为己有，争吃抢喝类似孩童；随地大小便等。

（6）行为紊乱。如精神恍惚；无目的性翻箱倒柜，爱藏废物并视作珍宝，怕被盗窃；无目的徘徊，出现攻击行为等。也有动作日渐减少、端坐一隅、呆若木鸡者。第二阶段是护理照管中最困难的时期。

3. 第三阶段（重度，晚期）：8~12年

主要表现为：

（1）日常生活完全依赖别人，大小便失禁。

（2）智能趋于丧失。

（3）无自主运动，缄默不语，成为植物人状态。常因吸入性肺炎、压疮、泌尿系统感染等并发症而死亡。

二、照护认知症老年人

护理的总体目标：延缓认知功能障碍进展，最大限度地保持记忆力和沟通能力；能提高日常生活自理能力，抑制异常精神和行为；能较好地发挥残存功能，提高生活质量；提高家庭应对照顾能力。

1. 日常生活照护

（1）认知症老年人的日常生活照护及照料指导。

1）穿着：将老年人的衣服按其穿着的先后顺序进行叠放，避免选择有太多纽扣的衣服，以拉链取代纽扣，以弹性裤腰取代皮带；选择不用系带的鞋子；选用宽松的内裤，女性胸罩选用前扣式。说服老年人接受合适的衣着，不要与之争执，慢慢给予鼓励，例如告诉老年人这条裙子很适合她，然后告知她穿着的步骤。

2）进食：让老年人定时进食，最好是能与其他人一起进食。如果老年人不停地想吃东西，可以把用过的餐具放入洗涤盆中，以提醒老年人在不久前才进餐完毕。老年人如果偏食，要保证其摄入足够的营养。允许老年人用手拿取食物，进餐前协助其清洁双手，亦

可使用一些特别设计的碗筷。养老护理员向老年人逐一解释进食的步骤并作示范,必要时予以喂食。食物要简单、软滑,最好切成小块。进食时,要将固体和液体食物分开,以免老年人不咀嚼就把食物吞下而导致窒息。老年人的义齿必须安装正确并每天清洗。每天安排数次喝水时间,并注意水不可过热。

3)睡眠:起居规律,早睡早起。叮嘱老年人在睡觉前先上洗手间,可避免其半夜醒来。根据老年人以前的兴趣爱好,尽量安排老年人在白天进行一些感兴趣的活动,不要让老年人在白天睡得过多。养老护理员可给予老年人轻声安慰,以助于其入睡。如果老年人在睡觉时认为时间是日间,切勿与之争执,可先陪伴老年人一段时间,再劝说老年人入睡。

(2) 自我照顾能力的训练。对于患有轻、中度认知症的老年人,应尽可能给予其自我照顾的机会,并对其进行生活技能训练,如鼓励老年人自己洗漱、穿脱衣服、用餐、如厕等,以提高老年人的自尊。养老护理员应理解老年人在动手能力方面存在困难,对其自理的行为给予鼓励和赞扬。

(3) 老年人完全不能自理时应有专人护理。注意定时帮助老年人翻身并给予营养的补充,防止感染等并发症的发生。

2. 用药照护

照料患有老年认知症的老年人服药应注意以下几点。

(1) 全程陪伴。失智老年人常会发生忘记吃药、吃错药或忘了已经服过药又过量服用等情况,所以老年人服药时养老护理员必须在旁陪伴,帮助老年人将药全部服下,以免其遗忘或错服。失智老年人常不承认自己患病,或者因幻觉、多疑而认为养老护理员给的是毒药,所以他们常常拒绝服药。养老护理员需要耐心说服,向老年人解释,可以将药研碎拌在饭中使老年人吃下。对拒绝服药的老年人,养老护理员一定要看着老年人把药吃下,让老年人张开嘴,观察药是否被咽下，防止老年人在无人看管时将药吐掉。

（2）重症老年人服药。吞咽困难的老年人不宜吞服药片，最好将药研碎后溶于水中服用；昏迷的老年人由胃管注入药物。

（3）观察不良反应。失智老年人服药后常不能诉说不适，养老护理员要细心观察老年人有何不良反应，及时报告医生。

（4）药品管理。对伴有抑郁症、幻觉和自杀倾向的失智老年人，养老护理员一定要把药品管理好，将药品放到老年人拿不到或找不到的地方。

3. 智能康复训练

（1）记忆训练。可鼓励老年人回忆过去的生活经历，帮助其认识目前生活中的人和事，以恢复记忆并减少错误判断；鼓励老年人参加一些力所能及的社交活动，通过动作、语言、声音、图像等提高其记忆力。对于记忆障碍严重的老年人，养老护理员可鼓励其通过编写日常生活活动安排表、制订作息计划、挂放日历等，帮助其记忆。对老年人容易忘记的事或经常出错的流程，可设立提醒标志，以帮助其记忆。

（2）智力锻炼。可指导老年人进行拼图游戏，对一些图片、实物、单词做归纳和分类，或进行由易到难的数字概念和计算能力训练等。

（3）理解和表达能力训练。养老护理员在讲述一件简单的事情后，可以进行提问，让老年人回答，或让其解释一些词语的含义。

（4）社会适应能力的训练。养老护理员可以结合日常生活常识，训练老年人自行解决日常生活中的问题。

4. 安全照护

（1）为老年人提供较为固定的生活环境。尽可能避免搬家，当老年人要到一个新地方时，最好能有他人陪同，直至老年人熟悉了新的环境和路途。

（2）佩戴联系卡。老年人外出时最好有人陪同或佩戴写有联系人姓名和电话的卡片或手环，有助于迷路时能够被人送回；条件允许的情况下，可为老年人配备智能定位设备。

（3）防止意外发生。患有认知症的老年人常会发生跌倒、烫伤、烧伤、误服、自伤或伤人等意外。养老护理员应将老年人的日常生活用品放在其看得见、找得到的地方，室内物品的位置尽量不要发生变动。地面要防滑，以防老年人跌伤骨折。老年人洗澡、喝水时，要注意水温不能太高，热水瓶应放在不易碰撞之处，以防烫伤。不要让老年人单独承担家务，以免发生煤气中毒或因老年人缺乏应急能力而导致烧伤、火灾等意外发生。有毒、有害物品应放入加锁的柜中，以免老年人误服中毒。尽量避免让老年人单独行动，应将锐器、利器放在隐蔽处，以防患有认知症的老年人发生自我伤害或伤人事件。

（4）正确处理老年人的激动情绪。当老年人不愿配合治疗护理时，不要强迫老年人，可稍待片刻，等其情绪稳定后再进行。当老年人出现暴力行为时，不要以暴制暴，要保持镇定，尝试分散其注意力，找出导致其暴力表现的原因，针对原因采取措施，以防止类似事件再发生。

5. 心理照护

（1）陪伴关心老年人。鼓励家人多陪伴老年人，给予老年人各方面必要的帮助，多陪老年人外出散步。鼓励老年人参加一些学习和力所能及的社会、家庭活动，减少老年人的孤独感和寂寞感，让其感到家庭的温馨和生活的快乐。

（2）开导老年人。多安慰、支持、鼓励老年人，遇到老年人情绪悲观时，应耐心询问原因，予以开导。

（3）维护老年人的自尊。在照护老年人的过程中，养老护理员要注意尊重老年人的人格，对话时要和颜悦色、专心倾听，回答询问时要语速缓慢，使用简单、直接、形象的语言。要多鼓励、赞赏、肯定老年人在自理和适应方面做出的努力，切忌使用刺激性语言，避免使用"呆傻""愚笨"等词语。

（4）不嫌弃老年人。照护老年人时要有足够的耐心，态度温和，周到体贴，不厌其烦，积极主动地关心照顾老年人，以实际行动关爱老年人。

6. 照顾者的支持与指导

养老护理员可教会老年人的家属自我放松的方法，使其能够合理休息并能寻求社会的支持，适当利用家政服务机构、社区卫生服务机构、医院和专门机构的资源，组织患有认知症的老年人的家庭，进行相互交流，相互联系与支持。

7. 健康指导

（1）及早发现。养老护理员要关注认知症的科普宣传，了解有关认知症的预防知识和轻度认知障碍的知识，学习认知症早期症状的识别方法。鼓励记忆减退的老年人及早就医，以利于及时发现介于正常老化和早期认知症之间的轻度认知损害，对认知症做到真正意义上的早期诊断和干预。

（2）早期预防。认知症的预防要从人的中年开始做起，如积极合理用脑，劳逸结合，保护大脑，保证充足睡眠，注意脑力活动多样化，培养广泛的兴趣爱好等。

模块4　老年人常见意外事件的预防与处理

老年人意外伤害是指由于突发的、非疾病的因素导致老年人身体受到的伤害。由于生理功能衰退、心理状态变化和社会功能减弱，老年人成为发生意外伤害的高危人群。常见的老年人意外伤害事件包括跌倒、坠床、误吸、烫伤、走失、呼吸心跳骤停等。

一、跌倒

跌倒是指突发的、不自主的、非故意的体位改变，使人倒在地上或更低的平面上。跌倒分为两类：一类是从一个平面至另一个平面的跌落；另一类是同一平面的跌倒。

1. 发生跌倒的主要因素

跌倒是导致老年人伤残和死亡的重要原因之一。跌倒不仅会导致老年人机体部位的损伤，造成日常活动能力下降，也会影响老年人的心理，使其由于害怕跌倒，导致活动时注意力不能合理分配，无法随时注意到周围的环境，从而进一步增加跌倒的风险，同时因为害怕心理而产生焦虑、抑郁情绪，丧失独立行走的信心，进而限制其日常活动，产生依赖、退缩等心理，同时也加重了被照顾者身心负担和社会负担。因此，跌倒的最重要环节在于预防，养老护理员要清晰地了解导致跌倒发生的因素，做好健康教育和预防。

（1）导致跌倒发生的生理、心理因素。主要包括步态特征与平衡功能、感觉系统、中枢神经系统和骨骼肌系统等方面。随着年龄的增长，老年人的前庭功能、视觉、本体觉、深度觉均在减退，中枢神经系统和周围神经系统的控制能力下降，反应迟缓，肌力减弱，平衡功能下降，夜尿增多、直立性低血压、饮酒、药物、营养不良等因素使跌倒的发生率明显上升。老年人的精神状态和认知能力与机体对环境、步态及平衡的控制能力有关。当判断能力受损或对周围的环境感到陌生时，跌倒的发生率会增加。跌倒与焦虑、抑郁、阿尔茨海默等也有关。研究表明，社区中能独自活动，但遇事急躁、性格固执的老年人跌倒的发生率较高。另外，诸多心理因素中以害怕跌倒的心理为主。害怕跌倒是指在进行某些活动时为了避免跌倒而出现的自我效能或信心降低，在此心理的作用下，老年人的害怕程度越高，跌倒的发生率就越高。

（2）导致跌倒发生的疾病因素。包括心肺功能受损，如心律不齐、冠心病、慢性肺疾病；神经功能受损，如帕金森病、脑血管疾病、晕厥或癫痫发作；骨髓肌肉疾病，如下肢关节病变或足畸形、肌肉疾病、骨质疏松症；认知功能改变等。

（3）导致跌倒发生的药物因素。很多老年人同时患多种慢性疾病，导致其联合使用多种药物，用药种类越多，跌倒的发生率就越大。服用 5 种及以上药物的老年人跌倒发生率为 44.12%，跌倒致中度以上伤害的占比为 66.67%。

（4）导致跌倒发生的环境因素。光线昏暗或过强；地面过滑、不平、潮湿、多障碍物；家具位置摆放不当、稳定性差或位置改变；床铺和座椅过高或过低，楼梯、浴室及房间内缺少扶手，台阶过高或边界不清晰；存在影响感官的设置，如花纹过多的地毯等。另外，环境的变换，如老年人住院或入住养老机构，适应新环境的压力也会增加老年人跌倒的发生率。

（5）导致跌倒发生的主观因素。穿戴不适，如裤腿过长，穿拖鞋或尺码不合适的鞋，鞋底不防滑；佩戴度数不适合的眼镜；行动不便，没有使用助行器或助行器不合适等都会导致跌倒的发生率增加。

（6）导致跌倒发生的客观因素。老年人在住院时，其所在病区的护理人力不足、人员安全意识淡薄、责任心不强、交接班不仔细、宣教不到位、临床经验欠缺等。家庭和社会因素也可能增加老年人跌倒的风险，如家庭主要照顾者缺乏照护老年人的责任心，高估老年人自理能力而对其疏于照护等。

2. 跌倒的预防措施

（1）准确全面地进行跌倒风险评估。评估内容包括老年人的一般身体情况及疾病、药物、心理等因素。评估方式可根据老年人的具体情况，选择合适的跌倒评估方式。

(2) 加强对老年人和其家属的安全教育。老年人和其家属一般是根据观察或照护经验，判断老年人是否存在跌倒的可能，但跌倒的发生有很多潜在风险因素，不是客观地观察可以发现的。因此，养老护理员要加强对老年人及其家属的安全教育，使其重视安全风险，正确认识老年人的活动能力，取得配合并鼓励他们参与预防跌倒的康复运动，并使老年人和其家属掌握防止跌倒、坠床的措施。养老护理员要教会老年人使用呼叫器，当其需要协助时可随时呼叫，切勿自行跨越床栏下床。

(3) 鼓励老年人参与体育锻炼。让老年人坚持力所能及的、规律的体育锻炼。老年人随着年龄的增长，其生理功能出现不可逆的下降。通过康复训练能够改善老年人的身体功能，提高肌力、平衡功能和移动能力，预防跌倒的发生。可选择散步、练太极拳、快走等运动，让老年人针对性地进行转移训练、步态训练、平衡训练、关节活动训练等，并协助训练使用辅助用具或助行器。

(4) 重视适老化环境建设。优化老年人所处的生活环境，室内光线要充足柔和，照明开关要方便使用。养老护理员要保持地面平整、干爽、防滑，避免地面打蜡。通道不可有障碍物，水池附近应有防滑砖或防滑垫，卫生间及楼道增设扶手，为行动不便的老年人提供沐浴椅等。

(5) 有针对性地采取预防措施。老年人一旦出现不适症状应马上让其就近坐下或由他人搀扶其上床休息。在由卧位转为坐位、坐位转为立位时，速度要缓慢，离床前双腿悬空数分钟，或改变体位后先休息 1~2 min。对于平衡功能差的老年人，养老护理员可指导其使用合适的助行器，以降低跌倒的发生率。

3. 跌倒的紧急处理

老年人跌倒后，不要急于将其扶起，要视情况进行跌倒后的现场处理。

(1) 检查确认伤情。

1) 意识模糊：若老年人意识丧失，要立即拨打"120"急救电话。若老年人出现呕吐，要将其头偏向一侧，清理口腔、鼻腔呕吐物，保证其呼吸道通畅。若老年人出现抽搐，要在其身体下垫软垫，防止碰伤、擦伤，必要时使用牙垫，防止舌咬伤。注意保护老年人抽搐的肢体，防止肌肉、骨骼损伤。若老年人呼吸、心跳停止，养老护理员应立即对其进行胸外心脏按压、口对口人工呼吸等急救措施。

2) 意识清楚：询问老年人跌倒情况及对跌倒过程是否有记忆，如不能记起跌倒过程，则老年人可能为晕厥或脑血管意外。询问老年人是否有剧烈头痛，观察其是否口角㖞斜、言语不利、手脚无力等，如发生上述情况则老年人可能为脑卒中。检查老年人有无骨折，查看其有无肢体疼痛、畸形、关节异常、肢体位置异常、感觉异常及大小便失禁等，以确认骨折情形，适当处置。

(2) 如果老年人试图自行站起，评估无特殊情况，养老护理员可协助其缓慢起立，坐位或卧位休息，确认其无碍后方可放手，并继续观察。

(3) 有外伤、出血者，养老护理员应立即为其止血包扎并进一步观察处理。

(4) 正确搬运。如需搬运老年人，应保证平稳，尽量使其保持平卧姿势。若老年人跌倒时发生脊柱损伤，注意在搬运过程中保持其脊柱轴线的稳定，避免脊柱扭曲、转动。可将老年人原位固定在硬木板担架上进行转运，或至少由两人分别托住老年人的头、肩、臀和下肢，动作一致将其抬起，平放在硬板或担架上进行转运。

(5) 查找导致跌倒的危险因素，评估跌倒风险，进一步制订防治措施及方案。

二、误吸

误吸是指在进食或非进食时,在吞咽过程中有液体或固体食物(还可能包括分泌物或血液等)进入声门下的气道。正常人在睡眠中的误吸发生率可达45%,有意识障碍的老年人则高达70%。

误吸在老年人群中发生频繁,并可导致严重并发症,影响老年人的生活质量及疾病的预后。显性误吸发生后老年人即刻出现刺激性呛咳、呼吸急促甚至发绀、窒息等表现,继而发生急性支气管炎、支气管哮喘、吸入性肺炎等并发症。

1. 发生误吸的主要因素

(1)客观因素。主要包括年龄、意识状态、自理能力、口腔状况和食物性质等。高龄、卧床、有意识障碍、生活部分自理或不能自理、口腔卫生状况差都会增加误吸的风险。误吸与老年人进食的体位有密切关系,改变进食的姿势能有效减少误吸的发生。食物性质也是导致误吸的因素之一,例如体积大、质稀的食物容易发生误吸,而干硬的食物及糯米等黏性较大的食物则容易发生哽噎。吃饭速度过快、一次进食的饭量较大、进食密度大、进食过程中看电视或说话等不良习惯都可能增加误吸的风险。

(2)疾病因素。吞咽动作是一系列复杂的神经肌肉反射过程,正常的吞咽过程需口腔、咽、喉和食管共同参与,其中任何一个部位发生功能障碍,或吞咽反射路径中的任何一个环节受损,都可能导致误吸。常见误吸高发疾病为:神经系统疾病(如脑卒中、阿尔茨海默病),消化系统疾病(如胃癌、胃潴留、反流性食管炎),糖尿病、呼吸道感染等。

(3)药物因素。导致食管下段括约肌松弛的药物均可引起误吸,如茶碱类、钙通道阻滞剂、麻醉镇静药物等。

2. 误吸的预防

（1）指导老年人正确进餐。指导有自主进餐能力、协助可经口进食、咽功能3级以上的老年人正确进餐。进餐环境要安静，老年人处于觉醒、精力集中状态，使用便捷的餐具。选择高度适宜的餐桌椅，尽量保持直立体位或身体前倾15°。老年人尽量坐在椅子上进餐，如确实无法下床，宜采用双90°方式（床头抬高90°，头偏向一侧90°）进食，能有效预防误吸的发生。如无法满足，可抬高床头60°进食，餐后至少20 min才可放低床头。指导老年人把食物放在口腔中最能感觉到食物的位置，一般正常人每口量为：流质食物10~20 mL，糊状食物3~5 mL，肉团平均为2 mL。协助老年人进食时，应从少量开始，一般流质食物1~4 mL比较合适，逐渐酌情增加。为降低老年人误吸的风险，应调整至合适的进食速度，先确认其前一口已经咽下，再进行下一口进食，避免两次食物重叠进入。

（2）正确地准备食物。容易吞咽的食物特点是密度均匀、黏性适当、不易松散，通过咽和食管时容易变形且很少会黏附在食管上。为防止误吸，老年人的食物应首选糊状食物，必要时可使用食物增稠剂调节食物性状。注意食物的合理营养搭配。如有治疗饮食需求，要遵医嘱进行饮食搭配。

（3）管饲老年人误吸的预防。管饲方式有鼻胃管、经鼻空肠管、胃造瘘管、空肠造瘘管等。管饲进食方式并不能消除误吸，甚至更容易引起误吸。胃管置入的长度是影响误吸的因素之一，养老护理员需要根据老年人的身高及胃肠道情况，选择合适的置入深度，原则是保证胃管的所有开口到达胃的底部，才能较好地预防误吸。如果是空肠管或胃/空肠造瘘，需要定期评估消化道情况，如胃排空、肠蠕动、有无胃食管反流等。喂养速度应控制在80~150 mL/h，食物保持在38~40 ℃为宜，避免过冷或过热，喂养过程中始终保持床头抬高30°。长期管饲的老年人要做好口腔护理，不限次数，以保持口腔清洁为原则。养老护理员要做好管路日常护理：对于置管注食的老年人要确保管路位置正确，避免因置管误入气管导致的误吸。胃残余量过多会增加反流和误吸的危险，可通过回抽胃内容物来确定胃残余量。老年人在进食时，尽量选择坐位或半卧位，床头抬高至少30°。及时清除老年人口腔内分泌物，避免口腔残留物导致再次误吸或下行感染。

（4）重视对老年人及其家属的健康教育。养老护理员应对老年人及其家属进行健康教育，讲解吞咽过程与原理、引起误吸的相关因素、食物准备、良好的进餐习惯、营养搭配、治疗饮食、防止误吸的方式、发生误吸或窒息的紧急处理方式等。在康复治疗过程中，养老护理员要监督老年人定期、按时、按量完成康复训练，如面部肌肉锻炼，包括皱眉、鼓腮、露齿、吹哨、张口、咂唇等。伸舌可以锻炼舌肌，利用舌尖在口腔内左右用力顶两颊部，并沿着口腔前庭沟做环转运动等。

3. 误吸的紧急处理——膈下腹部冲击法

（1）意识清醒者：老年人头略低，嘴张开，以便异物吐出；养老护理员站在老年人身后，双臂围绕老年人腰部；一只手握拳，拳头的拇指顶在老年人的上腹部（肚脐上方两横指），另一只手握住握拳的手；向上向后猛烈挤压老年人的上腹部，挤压动作要迅速，挤压后随即放松，重复5~6次。如图4-2所示。

（2）意识清醒且肥胖者：用胸部推压法取代腹部推压法。老年人头部略低，嘴张开，以便异物吐出；养老护理员站在老年人身后，两臂从老年人的腋窝下穿过抱住其前胸；一只手握拳放在老年人的胸骨中央，手掌侧对着胸骨侧，另一只手包住握拳，向后猛烈挤压老年人胸部。

（3）意识不清者：老年人就地仰卧在地板上，头转向一侧并后

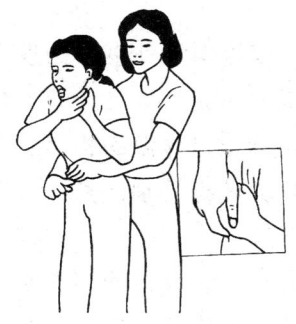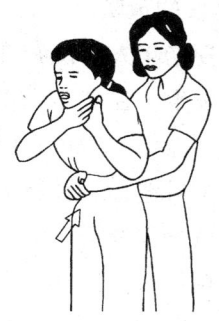

图 4-2　膈下腹部冲击法

仰，使其充分开放气道；养老护理员跪于老年人一侧，一只手掌根置于老年人腹部的脐和剑突之间，另一只手置于其上，迅速有力地向内上方冲击 5~6 次。

（4）其他特殊情况：老年人腹部俯于凳子上，上半身悬空。养老护理员猛压老年人的腹部，重复 5~6 次，迫使膈肌上移压迫肺部，使肺内气体外冲，将气管内食物冲出。

三、烫伤

烫伤是由高温液体、固体或蒸汽等所致的皮肤损伤。在现实生活中，人们都知道高温是导致烫伤的因素，常常会忽视长时间作用的较低温度也可导致烫伤。这是因为长时间与热源接触，虽然温度不是很高，表层组织脱水较慢，但热容量大，使热能积蓄向深部传导引起深部组织烧伤。近年来，电热水器、理疗器、电热毯、热水袋等被广泛使用，它们的热度虽然不高，但若长时间接触也可产生烫伤。统计显示，低温烫伤约占冬季烫伤的 1/3。老年人由于身体各器官生理功能逐渐衰退，感觉及反应比较迟钝，对温度的敏感性降低，一旦感觉皮肤疼痛或有烧灼感时，往往已经造成了烫伤。

1. 烫伤的预防

若发现老年人的认知功能下降,要警惕意外事件的发生,尤其是烫伤的发生。在老年人群中,低温烫伤尤为常见。为了避免发生低温烫伤,老年人不可长时间接触温度超过体温的物品。患有糖尿病或脑卒中后遗症、长期卧床的老年人尤需特别注意,使用时要由养老护理员全程看护。

用电热毯时,温度不要设得过高,不宜整夜使用。使用热水袋时,水温不宜过高,热水袋外面用布包裹隔热,或放于两层毯子中间,使热水袋不直接接触皮肤。热水袋内装70%左右的热水即可,赶尽袋内的空气,拧紧盖子,防止漏水。使用热水袋取暖的时间不宜过长,最好是睡觉前放进被子里,睡觉时取出来,避免整夜置于身旁。对于生活部分自理或认知功能障碍的老年人,禁止其自行使用加热装置。

2. 烫伤的紧急处理

发生烫伤后,要根据烫伤程度给予相应的处理措施,尽量减轻因烫伤导致的损伤。

(1) Ⅰ度烫伤是指烫伤只损伤皮肤表层,局部轻度红肿,无水疱,疼痛明显。可选择用冷水冲洗或冷敷烫伤处,以迅速降低皮肤表面温度,避免局部疼痛和水疱的出现。对于不能冲或泡的位置,如面部或私密处,可以用凉毛巾湿敷较长时间直到疼痛缓解。

(2) Ⅱ度烫伤是指烫伤导致真皮损伤,局部红肿疼痛,有大小不等的水疱。可迅速使用冷水持续冲洗烫伤上侧,如果皮肤表面有衣物覆盖,要用剪刀把衣服剪开。烫伤出现的水疱在烫伤早期有保护创面的作用,能够减轻疼痛,减少渗出,所以不要撕破水疱。经简单处理后要尽快将老年人送到医院做进一步处理,防止二次损伤。

(3) Ⅲ度烫伤是指烫伤到达皮下,脂肪、肌肉、骨骼都有损伤,无水疱、无弹性并呈灰色或红褐色。出现严重烫伤,不要撕扯表面衣物，会导致皮肤大面积脱离，出现严重并发症，应保护创面，迅速将老年人送至医院就医。

四、走失

走失常发生在患有阿尔茨海默病的老年人中，老年人走失的后果往往是严重的，这些不良后果主要包括跌倒、车祸、受伤甚至死亡等。

1. 发生走失的主要因素

（1）内在因素所致的走失。

1）认知障碍。老年人患有老年性痴呆、脑炎、肝性脑病等疾病会导致脑神经异常，发生认知障碍和定向能力障碍，因此极容易发生走失，其中，患有阿尔茨海默病的老年人是走失的高危人群。

2）抑郁情绪。某些老年人对自身疾病缺乏正确的认识，且长期受到一些慢性疾病的折磨，容易产生抑郁情绪，从而出现走失的情况。还有一些老年人独自居住，社会交往较少，缺少家庭关怀和社会联系，也极容易发生抑郁和走失。

（2）外在因素所致的走失。

1）服用药物。老年人对药物代谢缓慢，机体耐受性降低，对长期服用的某些药物的副作用较为敏感，例如：服用安眠药、抗抑郁药、镇静药、降压药等可能会出现一些不良反应，也会增加走失的风险。

2）护理人员。老年人身边的护理人员照看不当也极容易导致老年人走失。居家老年人的家属、养老机构的护理人员等要及时发现老年人是否存在定向障碍、记忆力减退等情况，一经发现，要提高警惕、多加看护，以免老年人走失。

（3）环境因素。避免让老年人独自去陌生的环境，以防走失。

2. 走失的预防措施

（1）提高养老护理员风险评估能力和对老年痴呆患者的病情识

别能力,要做到及早发现、及早预防,如发生走失,要吸取教训,避免类似事件再次发生。

(2)在老年人的衣服口袋里或特制的挂饰上放入身份卡片,卡片上面记录老年人的个人信息和家人的联系方式,以及主要病症的处理方法等内容。

(3)在公共场所注意看护。外出购物、游玩或在比较拥挤的公共场所,养老护理员及老年人的家属应与老年人牵行,还要告诉老年人在与家人失散后应该在原地等待,不要到处乱走。人多时要专门安排一人看护老年人,并在老年人的口袋里放些食品,以防老年人走失后忍饥挨饿。

(4)与老年人多沟通互动。平时多关心老年人,在生活上多给予其关心与帮助,让老年人内心满足、平和并感受到温暖。要掌握老年人的去向,可以给老年人拍一些近期生活照,若出现走失情况,也可提供近期照片。

(5)给老年人配置定位功能设置好的手机或其他电子产品。建议将这类电子产品缝在老年人随身的衣物当中,定期或不定期查看电子产品的电量是否充足,随时可通过定位功能找到老年人,尽量避免走失。

五、呼吸心跳骤停

1. 心跳骤停相关知识

(1)发生原因:冠心病、意外事件、过度疲劳、触电、药物中毒等。

(2)呼吸心跳骤停的表现:突然面色死灰、意识丧失、大动脉搏动消失、呼吸停止、瞳孔散大、皮肤苍白或发绀。

(3)珍惜"黄金 4 分钟":人在心脏停搏 3 s 后会出现头晕,停搏 10 s 会出现昏厥,停搏 30~40 s 后瞳孔散大,停搏 60 s 后停止呼吸、大小便失禁，停搏 4~6 min 后大脑发生不可逆的损伤。养老护理员要珍惜 4 分钟的"黄金时间"，分秒必争，进行抢救。

（4）心肺复苏成功的表现：能触及大动脉搏动，呼吸逐渐恢复，血压维持在 60 mmHg 以上，口唇、面色、甲床等颜色由发绀转为红润，瞳孔随之缩小，部分老年人意识恢复。

2. 呼吸心跳骤停的急救措施

（1）判断呼救。

1）判断意识：发现老年人突然倒地后，要立即判断老年人的意识状况。养老护理员跪地，俯身"轻拍重呼"，轻拍老年人双肩，同时分别在老年人两耳边大声呼唤，判断老年人是否有意识存在。

2）判断呼吸心跳：如老年人无意识，要立刻判断其呼吸心跳情况。养老护理员将左侧耳部和面颊靠近老年人口鼻部，右手食指和中指并拢触摸老年人的颈动脉，眼睛看向老年人胸部，感觉、观察老年人有无呼吸和脉搏搏动，观察时间不超过 10 s。

3）大声呼救：养老护理员立刻大声呼救，寻求他人的帮助，拨打"120"急救电话。立即将老年人转为平卧位，将其双臂置于身体两侧，双腿伸直，即复苏体位。转移时要保持老年人的头、颈、脊柱整体转移。

（2）胸外心脏按压。若确定老年人发生了呼吸心跳骤停，要立刻实施胸外心脏按压。解开老年人裤腰，解开上衣。养老护理员两膝分开与肩同宽，两膝中间对准老年人右肩部，左掌置于按压位置，右手重叠于上，十指相扣翘起，离开局部皮肤，两臂伸直，以髋关节为轴，用上身发力，以掌根均匀垂直按压 30 次。

1）按压部位：胸骨前双乳头连线中点 1/2 处或胸骨前剑突上 2 cm 处，如图 4-3 所示。

2）按压频率：每分钟至少 100 次，但少于 120 次。

3）按压深度：按压时，使胸骨下陷至少 5~6 cm，但不大于 6 cm。

4）按压与放松：按压与放松时间相等，放松时胸部完全回弹，掌根不离开按压部位。

在按压过程中要观察老年人的脸色，如发现面色转为红润，则立即进行生命体征观察，发现有呼吸和脉搏搏动，则说明复苏成功，可停止操作。

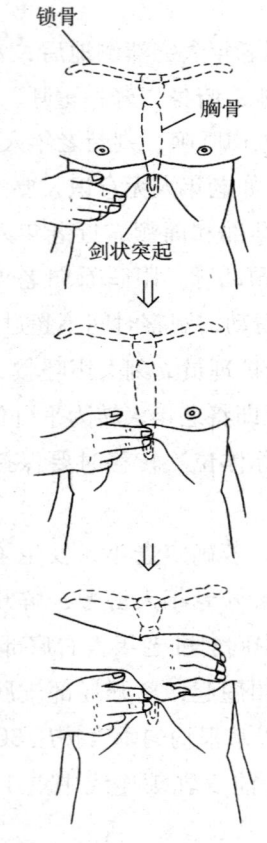

图 4-3 胸外心脏按压部位

(3) 开放气道。胸外心脏按压 30 次后,先将老年人的头偏向一侧,养老护理员用纱布缠绕手指,清理老年人口腔中的分泌物。再抬高老年人下颌角,使其与地面呈垂直状,用仰头抬颏法开放气道,如图 4-4 所示。

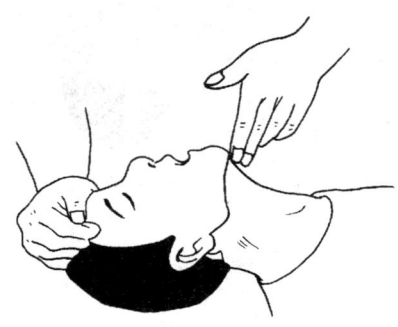

图 4-4　开放气道

(4) 人工呼吸。在老年人口部盖一块干净的纱布或手帕。养老护理员自然吸气后用口包住老年人的口,用左手食指与拇指捏住老年人鼻孔,右手托住老年人下颌部吹气 1 s,看到老年人胸部有起伏,说明呼吸道通畅,吹气成功。养老护理员吸气时,松开老年人鼻孔,让老年人呼气,呼气时间 2~3 s。连续吹气两次,吹气时,注意用眼睛余光观察老年人的胸部,看到胸部隆起才算吹气成功,如图 4-5 所示。

30 次胸外心脏按压和 2 次人工呼吸为 1 个循环,连续做 5 个循环。

(5) 再次判断。5 个循环后,再次观察老年人的呼吸和颈动脉搏动。如果复苏成功,注意为老年人保暖,继续观察其情况,等待医护人员到来。如果复苏不成功,继续重复上述操作,直到医护人员到来。医护人员到达现场后,养老护理员要向其汇报急救过程,将老年人移交医护人员。

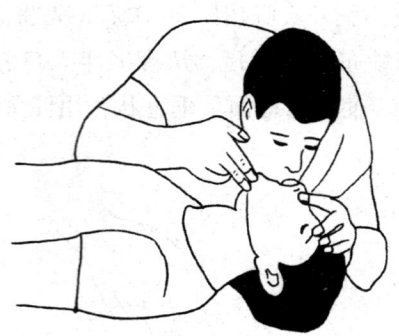

图 4-5　人工呼吸

第5单元 健康促进

模块1 康乐活动

随着年龄的增长,老年人的身体功能逐渐衰退,多病共存、失能、失智等问题严重影响老年人的生活质量。做好老年人的健康促进工作,对于提高老年人的健康水平,改善老年人的生活质量,实现健康老龄化具有重要意义。

老年健康促进是指直接针对影响老年人健康的行为或危险因素,通过激发老年个体、家庭、社区和社会的功能,改善老年人的生活环境、健康态度,激发老年人对自身健康的责任感,掌握健康相关知识和自我护理技能,尽可能让老年人的精神和身体保持在最佳状态,保持健康的生活方式和行为。养老护理员在照护老年人的过程中,可以通过以下方式组织老年人进行活动,以促进老年人身心健康。

一、指导老年人进行体操活动

1. 准备工作

(1)环境准备:环境空气清新,温湿度适宜。

(2)护理员准备:着装整齐,去除首饰,无长指甲,洗净双手。

（3）老年人准备：老年人心情愉悦，有参加体操活动的意愿。

2. 活动流程

（1）告知老年人体操的内容，以取得老年人的配合。

（2）转体压胸：老年人取站立位，两臂自然下垂，两脚分开与肩同宽。养老护理员指导老年人吸气，上身缓慢地向右后方转动，右臂随之侧平举并向右后方伸展，然后左手平放于左侧胸前向右推动胸部，同时呼气。向左侧转动时，动作相同，方向相反。

（3）伸展胸廓：老年人取站立位。吸气，两臂经体侧缓慢向上方伸展，尽量扩展胸廓，同时抬头挺胸，呼气时还原。

（4）双手挤压胸：老年人取站立位。双手放于胸部两侧，深吸气，然后缓慢呼气，同时双手挤压胸部，上身前倾，吸气时还原。

（5）抱双膝压胸：老年人取站立位，两脚并拢。深吸气，然后缓慢呼气，同时屈膝下蹲，两臂抱膝，大腿尽量挤压腹部及胸廓，以协助排除肺中的气体，吸气时还原，慢慢起身。

（6）交叉抱胸：老年人取坐位，两脚自然踏地。深吸气，然后缓慢呼气，同时两臂交叉抱于胸前，上身稍前倾，呼气时还原。

（7）抱单膝压胸：老年人体位同上。深吸气，然后缓慢呼气，同时抬起一侧腿，两臂抱住小腿，并向胸部挤压，吸气时还原，两侧交替进行。

（8）活动结束，询问老年人的感受，叮嘱其喝水休息。

3. 注意事项

（1）组织老年人进行体操活动时，应尊重老年人的意愿，不要强迫老年人。

（2）活动过程中，注意观察老年人的意识及状态，如有不适，立刻停止。

（3）结束后，询问老年人的感受。

二、指导老年人进行手工活动

1. 准备工作

（1）环境准备：环境空气清新，温湿度适宜。

（2）护理员准备：着装整齐，去除首饰，无长指甲，洗净双手。

（3）老年人准备：老年人心情愉悦，有参加手工活动的意愿。

（4）用物准备：根据设计的手工活动准备相应的用物。

2. 活动流程

（1）告知老年人进行的活动内容，以取得老年人的配合。

（2）评估老年人的一般情况（如生命体征、意识及认知等）及配合程度，了解老年人的兴趣爱好等。

（3）养老护理员能掌握手工活动的要点，指导老年人完成活动。养老护理员要学会设计老年人手工活动项目，内容要新颖、有趣、多样，与日常生活相结合，同时要保证老年人力所能及。

（4）选择经济、安全的用具。

（5）讲解、示范手工活动的步骤和注意事项。根据老年人的完成情况协助其进行手工制作。活动过程中多用鼓励语言，活动中随时观察老年人的反应。

（6）活动结束后，征求老年人对活动的意见和建议。

（7）整理用物，打扫卫生（可邀请老年人参与），鼓励老年人展示自己的手工作品和成果。

（8）记录本次活动锻炼的目的、达到的效果和需要改进的方面。

3. 注意事项

（1）选择的活动用具要符合老年人的使用特点，同时保证安全。

（2）安排活动时间要得当，应避开老年人的休息时间。

（3）老年人在活动中若出现厌烦或身体不适等情况，应立即停止，协助其休息。

三、指导老年人进行娱乐游戏活动

1. 准备工作

(1) 环境准备：环境空气清新，温湿度适宜。

(2) 护理员准备：着装整齐，去除首饰，无长指甲，洗净双手。

(3) 老年人准备：老年人心情愉悦，有参加游戏活动的意愿。

(4) 用物准备：根据设计的游戏活动准备相应的用物。

2. 活动流程

(1) 告知老年人进行的娱乐游戏活动的内容，以取得老年人的配合。

(2) 评估老年人的一般情况（如生命体征、意识和认知等）及配合程度，是否有意愿参与娱乐游戏活动。

(3) 全面了解老年人的身体状况、生活习惯、爱好等，熟悉将要进行的活动规则；养老护理员要设计适合老年人参加的娱乐游戏活动项目，要简单易学，让老年人力所能及并愿意参加。

(4) 根据活动内容选择经济、安全的用具。

(5) 大声、清晰地讲解游戏活动规则，确保老年人清楚、明白。

(6) 示范游戏活动的过程，必要时重复示范。

(7) 在游戏活动中，养老护理员要态度和蔼，多用鼓励的语言，随时观察老年人的反应，必要时给予帮助。

(8) 活动结束后，征求老年人对活动的意见和建议。

(9) 整理用物，收拾卫生（可邀请老年人参与）。

(10) 记录本次游戏活动的情况，找出存在的问题，便于下次活动改进。

3. 注意事项

(1) 选择的娱乐游戏活动要充分考虑老年人的能力。

(2) 安排活动时间要得当，应避开老年人的休息时间。

（3）老年人在活动中若出现厌烦或身体不适等情况应立即停止，协助其休息。

四、为老年人读书、读报

读书、读报能够丰富老年人的精神生活。经常看看书报、动动脑，可以改善脑血流的运行状态，延缓脑细胞的衰老，使大脑中枢神经处于活跃状态，防止阿尔茨海默病，延年益寿。老年人通过读书、读报能了解更多的知识、见闻，让其与社会接轨，让老年人的精神生活更加充实，同时也为老年人提供了丰富的精神营养，使老年人渐渐摆脱萎靡不振的情绪。

1. 读书、读报的时间

要选择适当的时间为老年人读书、读报，可以在早上吃完早餐、午休之后进行，不应在老年人困乏、疲劳时读书、读报。读书、读报时间不宜过长，防止老年人厌烦和疲劳。

2. 读书、读报的注意事项

要用普通话声情并茂地为老年人读书、读报，要口齿清晰、声音洪亮；要有耐心和爱心，老年人没听清的地方要重复读，直到其听清为止；老年人不明白的地方要为其仔细、耐心地解释，直到老年人明白为止。

3. 与老年人讨论

为老年人读完选好的书籍、报纸、杂志后，要与老年人讨论交流，不应带有自己的评判，应客观地进行，不要影响老年人自己的观点和看法。如有误解、消极的思想，要正确地引导老年人，让老年人积极乐观地看待这些问题。总之，不要与老年人争辩，要尊重老年人的想法。

4. 整理

读书、读报后，应安排老年人稍事休息，由养老护理员将书籍、报纸、杂志等收拾好，放回原位，方便下次使用。

五、指导老年人使用智能手机

随着科技的发展，智能手机已经非常普及了，给人们的生活带来了便利。因此，帮助老年人更好地使用智能手机，掌握手机的使用技巧，也体现了对老年朋友的关爱，进一步促进社会和家庭的和谐发展。

1. 指导方法

（1）老年人应选用屏幕大、字体大、声音大且带语音播报功能的智能手机。

（2）把老年人最常用的功能设置在主屏幕上，便于其操作，比如：微信、通话、拍照等。

（3）在老人居住的家里安装无线网络，让其可自动连接上网。养老护理员给老年人演示智能手机的操作方法是最有效的指导方式。把老年人需要的 App 都安装上，逐一演示，比如：帮他们下载微信，教他们视频聊天，演示完一些功能或用法后，马上让老年人照着操作一遍。

2. 注意事项

老年人年纪大了，学东西也会很慢，视力也不太好，指导他们使用手机的过程中，养老护理员要有耐心，不要挫败他们的积极性，不要对他们大吼大叫。养老护理员也可以帮他们做学习笔记，把每一个操作步骤都写下来。有了详细的记录，就能按部就班进行操作，隔一段时间忘记了，也便于查找翻看。

模块 2　体位转换

部分老年人因疾病等因素，身体部分功能丧失，成为半自理老年人或失能老年人，养老护理员需定时为老年人进行体位转换，如卧位转换为坐位、卧位转换为站立位等，这样可以促进老年人的血液循环，预防压疮、坠积性肺炎、尿路感染、肌肉萎缩、关节变形、肢体挛缩等并发症的发生，以实现康复治疗及康复护理的预期效果。

养老护理员在协助过程中需注意：老年人能够独立进行体位转换时尽量不要给予帮助；能提供少量帮助时不要提供大量帮助；被动转换作为体位转换最后的选择方式。若老年人存在认知障碍，配合程度低时，不要勉强其进行体位转换。

一、协助老年人床上被动翻身

1. 准备工作

（1）环境准备：环境空气清新，温湿度适宜，关闭门窗。

（2）护理员准备：着装整齐，去除首饰，无长指甲，洗净双手。

（3）用物准备：翻身枕、小垫枕。

2. 翻身流程

（1）告知老年人要进行床上翻身，取得其配合，询问老年人是否需要喝水、大小便等。

（2）态度和蔼，语言亲切。评估老年人的一般情况（如生命体征、意识及认知等）及配合程度。

（3）注意观察老年人有无痛苦表情，肌肉有无萎缩，关节有无僵硬，检查其皮肤有无压疮。

（4）站在老年人的床边，将老年人的头部偏向自己一侧，帮助其将双手放在腹部，健侧手握住患侧手。帮助老年人将双下肢弯曲，双足踩在床面上。

（5）一只手扶住老年人对侧肩部，另一只手扶住老年人髋部，翻转老年人的身体呈健侧（或患侧）卧位。

（6）整理老年人的衣服，拉平衣服、裤子等，为其盖好盖被，整理床单。

（7）洗手，记录协助翻身的时间、体位、老年人的反应，如有异常情况要及时处理。

3. 注意事项

（1）翻身过程中注意观察老年人的肢体情况，避免拖、拉、拽、推，以免损伤其皮肤。

（2）对留置导尿管或有其他管路的老年人，转换体位前应先将管路妥善安置，转换体位后立即检查管路，确保管路通畅。

（3）体位转换时应注意保护老年人安全。

（4）动作要轻稳、准确、熟练、省力、安全，保持与老年人的沟通，体现人文关怀。

（5）对于体重较重的老年人，养老护理员一个人为其翻身较为困难时，可由两人共同完成。

二、训练老年人床上自主翻身

1. 准备工作

（1）环境准备：环境空气清新，温湿度适宜，关闭门窗。

（2）护理员准备：着装整齐，去除首饰，无长指甲，洗净双手。

（3）用物准备：翻身枕、小垫枕。

2. 翻身流程

（1）告知老年人要进行床上翻身，以取得其配合，询问老年人是否需要喝水、大小便等。

（2）态度和蔼，语言亲切。评估老年人的一般情况（如生命体征、意识及认知等）及配合程度。

（3）注意观察老年人有无痛苦表情，肌肉有无萎缩，关节有无僵硬，皮肤有无压疮。

（4）老年人仰卧在床，养老护理员站在老年人健侧进行保护。

（5）叮嘱老年人将头转向健侧，用健侧手握住患侧手并放于腹部，十指交叉，患侧拇指压在健侧拇指上。老年人将健侧腿屈膝，插入患腿下方，养老护理员协助其健侧脚插入患侧腿的下方钩住患侧的踝部。老年人将双上肢前伸，与躯干成90°，指向天花板，左右侧方摆动2~3次，借助摆动的惯性使双上肢和躯干一起翻向健侧。

（6）养老护理员站在老年人患侧进行保护，老年人仰卧在床。养老护理员叮嘱老年人将头部转向患侧，用健侧手握住并拉起患侧手，患侧手拇指压在健侧手拇指上。老年人将健侧腿屈膝，脚平放于床面。双上肢前伸，与躯干成90°，指向天花板，左右侧方摆动2~3次。当摆向患侧时，借助惯性使双上肢和躯干一起翻向患侧。

（7）询问老年人自主翻身训练的掌握情况，待其基本掌握后，再开始下一次训练。老年人无不适后，再重复以上动作，持续训练约30 min。训练完毕，协助老年人取舒适卧位休息。

（8）询问老年人的感受，整理老年人的衣服，为其盖好盖被，整理床单。向老年人说明下次训练时间。

（9）洗手，记录协助自主翻身训练的时间、老年人的反应等，如有异常情况要及时处理。

3. 注意事项

（1）若老年人力量不够，养老护理员可在训练初期协助老年人翻身。

（2）训练过程中要随时观察老年人的反应，为其擦净汗液和给其喂水，避免老年人着凉。当老年人有进步时，要及时给予鼓励；若发现异常，应立即停止训练并寻求医护人员的帮助。

（3）对留置导尿管或其他管路的老年人，转换体位前先将管路妥善安置固定，转换体位后注意检查管路，确保管路通畅。

（4）体位转换时要注意保护老年人的安全。

（5）康复训练要在专业康复师的指导下有计划性、规律性、持之以恒地进行。

三、指导老年人使用手杖

1. 准备工作

（1）环境准备：室内光线明亮，空气清新，温湿度适宜，地面整洁平坦，无积水，无障碍物。

（2）护理员准备：着装整齐，去除首饰，无长指甲，洗净双手。

（3）用物准备：四脚手杖，安全腰带。

2. 训练流程

（1）告知老年人要进行使用手杖的练习，以取得其配合，询问老年人是否需要喝水、大小便等。

（2）使用前先教老年人检查手杖的方法，检查把手、橡胶垫、调节高度和方向的按钮是否完好，以保证手杖性能良好。

（3）养老护理员进行示范：语速缓慢地向老年人讲解手杖的放置位置和使用中的注意事项。依次示范三点式、两点式、上楼梯、下楼梯的行走方法。

1）三点式：指导老年人行走，先移动手杖，再移动患侧，最后移动健侧。行走中要避免拉、拽老年人的胳膊，以免造成其跌倒和骨折。养老护理员要站在老年人的患侧进行保护。三点式行走法如图 5-1 所示。

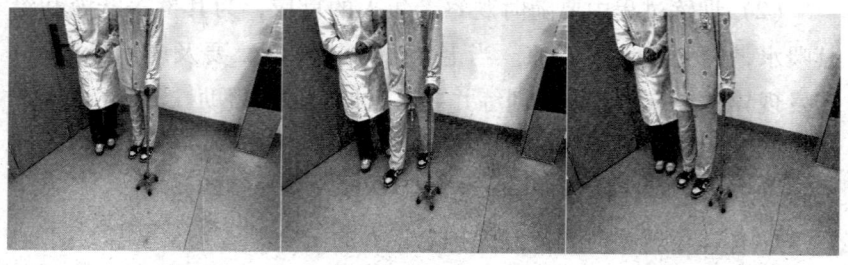

图 5-1　三点式行走法

2）两点式：指导老年人行走，先移动手杖和患脚，再移动健脚。养老护理员站在老年人的患侧进行保护。两点式行走法如图5-2所示。

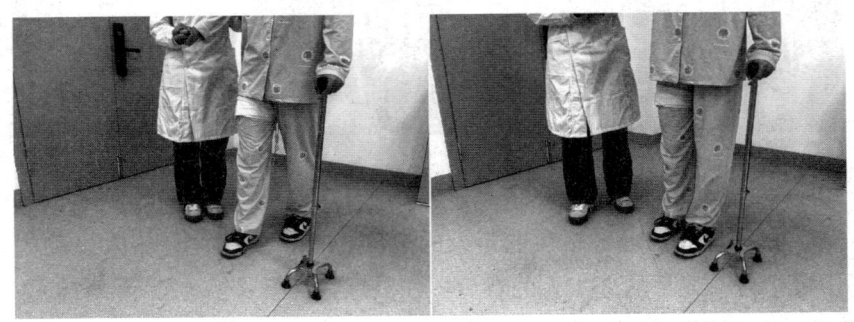

图5-2　两点式行走法

3）上楼梯：指导老年人持杖行走，先上健脚，再上拐杖，最后上患脚行走；养老护理员站在老年人的患侧后方（一只手扶托患侧手臂，另一只手提拉其腰带）进行保护。上楼梯行走法如图5-3所示。

图5-3　上楼梯行走法

4）下楼梯：指导老年人持杖行走，拐杖先下一级阶梯，再下患脚，最后下健脚。养老护理员站在老年人患侧前方（抓住其安全腰带）进行保护。下楼梯行走法如图5-4所示。

（4）为老年人系好安全保护腰带，指导老年人用健侧手拿手杖，手握把手，将手杖放在健脚外侧15 cm处，目视前方，保持身体直立。

图 5-4 下楼梯行走法

（5）养老护理员站在老年人的患侧，一只手托住老年人患侧的手臂，另一只手从老年人的背后抓住其保护性腰带。

（6）指令清晰，先教老年人三点式行走，熟练后，再分别教两点式行走、上楼梯、下楼梯的方法。

（7）在行走过程中，养老护理员要观察有无障碍物，并及时清理。观察老年人行走的稳定性，有无异常表现。

（8）询问老年人的感受，帮其擦汗并及时给老年人喂水。老年人感到疲劳时应立刻休息。

（9）行走结束后，应询问老年人使用手杖的感受和使用中存在的问题，以便下次改正解决。

（10）洗手，记录老年人训练及身体情况。

3. 注意事项

（1）使用手杖前，要告知老年人相关注意事项。

（2）养老护理员要把手杖放在老年人伸手就能拿到的地方。

（3）在行走过程中，注意不要拉、拽老年人的胳膊，以免造成其摔伤或骨折。

四、照护老年人使用轮椅

1. 准备工作

（1）环境准备：环境空气清新，温湿度适宜，地面整洁平坦，光线明亮,无积水。

(2) 护理员准备:着装整齐,去除首饰,无长指甲,洗净双手。

(3) 用物准备:轮椅、软枕、水杯、纸巾等。

(4) 老年人准备:平卧在床,盖好盖被,支起床档。

2. 转运流程(如图5-5所示)

(1) 告知老年人要进行轮椅转运,以取得其配合,询问老年人是否需要喝水、大小便等。

(2) 检查轮椅,检查胎压、把手、刹车、安全带、坐垫、脚踏板等,确定轮椅性能良好,可以使用。

(3) 将轮椅推进房间,与床边成30°~45°夹角,固定刹车,翻起脚踏板。

(4) 协助老年人坐起,为其穿上外衣和鞋袜。老年人用双手环抱养老护理员的颈部,养老护理员用双手抱位老年人的腰部,助其下床。

(5) 养老护理员用与老年人患侧相对的膝关节内侧,抵住老年人患侧膝关节的外侧;养老护理员两手臂穿过老年人的腋下,环抱其腰部并夹紧,两人身体靠近;养老护理员屈膝并嘱老年人抬臀、伸膝时同时站起。可叮嘱老年人扶住轮椅扶手,转身坐入轮椅。翻下脚踏板,将老年人双脚置于其上,让其身体尽量向后靠,坐稳,不可前倾。

(6) 协助老年人靠椅背坐稳,系好安全带,老年人将双手放在软枕上。

(7) 带齐水杯、纸巾等外出物品,放于轮椅靠背后面的布袋中。

(8) 照护老年人下轮椅:将轮椅推至床旁,面向床沿,按下车闸,固定轮椅。

(9) 翻起脚踏板,使老年人双脚着地,养老护理员协助老年人站立,慢慢坐回床边。

(10) 协助老年人取舒适卧位,为其盖好被子。

（11）在轮椅转运过程中，要关注老年人是否有不良情绪，并采用适当的方法予以疏导。转运结束后，养老护理员要询问老年人坐轮椅的感受，以便改进操作方法。

（12）整理用物，洗手，记录（时间、内容、老年人的感受和反应等）。

图5-5　协助老人轮椅转运

3. 注意事项

（1）使用轮椅前，必须仔细阅读使用说明书，检查轮椅的性能是否完好，确保老年人的安全。

（2）使用轮椅扶老年人坐或下时，应先固定轮椅刹车；推轮椅下坡时，应倒退行走，并减慢速度，以防摔伤。

（3）根据室外温度，为老年人适当增加衣服、盖被，注意保暖，防止其受凉。

（4）照护老年人坐轮椅时，必须搭乘直梯，不要搭乘扶梯；进出电梯时老年人均应面对电梯门。

（5）在轮椅转运过程中，注意动作要轻柔、规范、熟练，体现人文关怀。

模块3　心理支持

心理健康是指在身体、智能以及情感上与他人的心理健康不相矛盾的范围内，将个人心境发展成最佳状态。心理健康包括两层含义：一是心理功能正常，无心理疾病；二是能积极调节自己的心理状态，顺应环境，建设性地发展完善自我，充分发挥自己的能力，过有效率的生活。

老年人心理健康的标准大致可以概括为：热爱生活和工作；心情舒畅，精神愉快；情绪稳定，适应能力强；性格开朗，通情达理；人际关系适应性强。养老护理员需了解老年人心理健康的重要性，掌握维护和促进老年人心理健康的措施。

一、帮助老年人正确认识健康、衰老和死亡

1. 生老病死是自然规律

每个物种都有其生命周期，人也不例外。古往今来，没有人可以长生不老，也没有让人长生不老的药。如果总处于一种年龄增长、生命垂暮、死亡将至的心理状态，就会加速心理及生理的衰老；若能以轻松自如的平常心态接受生老病死，则可能延缓衰老。

2. 年老并不等于无为、无用

老年人阅历丰富、知识广博，养老护理员要鼓励老年人为家庭、为社会继续发挥余热，实现老有所为、老有所用的理想，获得心理的满足和平衡。

3. 树立正确的健康观

大多数老年人往往多病，对自己的健康状况持消极态度，对疾病过分担心和忧虑，不能如实评价自己的健康状况，过度担心自己的疾病和不适，会引起焦虑、抑郁等心理问题，加重疾病和身体不适，加速衰老，对健康非常不利；只有正确对待疾病，采取适当的求医行为，顽强地与疾病抗争，才能促进病情稳定和康复。养老护理员要指导老年人树立正确的健康观，保持生活自理，并最大限度地发挥其自主性。

4. 树立正确的生死观

死亡是生命的一个自然结果,当死亡的事实不可避免时,若不能泰然处之,则会加速病情。只有树立正确的生死观,克服对死亡的恐惧,才能以坦然的心态面对将来生命的终结,更好地珍惜生命,使生活更有意义和乐趣,提高生活质量。

二、做好离退休的心理调节

转移注意力是减少患离退休综合征的重要措施,养老护理员应多鼓励老年人,培养其对生活的新兴趣,如饲养宠物、唱歌跳舞、学习花艺茶艺等。

三、鼓励老年人适当用脑

坚持适量的脑力劳动,使脑细胞不断接受信息刺激,可以延缓大脑的衰老和脑功能的退化。对老年人的视、听、嗅、味、触等器官进行适当的刺激,可增进其感知觉功能,提高记忆力等认知能力,减少认知症的发生。老年人应坚持学习,活到老学到老,通过书报、手机、网络等不断获得新知识。

四、妥善处理家庭关系

家庭是老年人晚年生活的主要场所,处理好与家人的关系十分重要。家庭关系和睦,家庭成员互敬互爱,有利于老年人的健康长寿;相反,家庭不和,家庭成员之间关系恶劣,则有损老年人的身心健康。

1. 面对"代沟",求同存异,相互包容

老年人要在主观上认识到社会在发展,时代在前进,青年一代与老年人之间会存在一些思想和行为的差别。家庭成员应多关心和体谅老年人,遇事主动与老年人商量,对于不同意见,要耐心听取,

礼让三分，维护老年人的自尊；老年人注意克服或压制自己，不要要求晚辈事事顺应自己，对一些看不顺眼又无法改变的事情，则尽量包容，不要强行干涉。

2. 促进老年人与家庭成员的情感沟通

养老护理员应鼓励老年人主动调整自己与其家庭成员的关系，在老有所为、老有所乐的同时多关心其他家庭成员；家庭成员也要多为老年人提供情感、经济和物质上的帮助，共同建立良好的亲情关系。在空巢家庭中，老年人应正确面对子女成家立业离开家的现实，不要过度期望和依赖子女对自身的照顾，善于利用各种通信方式与子女沟通；老年人的子女应经常看望或联系父母，让父母享受到天伦之乐。

夫妻恩爱有助于老年人保持舒畅的心理状态。老年夫妻间要相互关心、相互照顾、相互宽容、相互适应，还要注重情感交流和保持和谐、愉悦的性生活。养老护理员应为老年人提供表达情感的机会，促进老年人与家庭成员的沟通理解。

五、注重日常生活中的心理保健

1. 培养广泛的兴趣爱好

广泛的兴趣爱好不仅能开阔老年人的视野、充实晚年生活，还能有效地帮助他们摆脱失落、孤独、抑郁等不良情绪，促进生理及心理的健康。养老护理员应鼓励老年人根据自身情况，培养一两项兴趣爱好，如书法、绘画、下棋、摄影、园艺、烹调、旅游、钓鱼等，以调节情绪，充实精神，让老年人的晚年生活充实而充满朝气。

2. 培养良好的生活习惯

饮食有节，起居有常，养老护理员应督促老年人戒烟限酒、修饰外表、装饰环境，多参与社会活动，增进人际交往，多与左邻右舍关心往来，有助于克服消极心理、振奋精神、怡然自得。

3. 坚持适量运动

坚持适量运动有益于老年人的身心健康。适量运动可以帮助老年人改善体质，增强脏器功能，延缓细胞代谢和功能的老化，增加老年人对生活的兴趣，减少老年生活的孤独、抑郁和失落等情绪。老年人可根据自己的年龄、体质、兴趣爱好及锻炼基础选择合适的运动项目，如散步、慢跑、游泳、骑自行车、打太极拳、气功等。老年人的体育锻炼，运动量要适度，时间不宜过长，要循序渐进，贵在坚持。

培训大纲建议

一、培训目标

通过培训,培训对象可以在养老护理岗位工作,或在家政服务中从事专业老年人照护等工作。

1. 理论知识培训目标

(1) 了解养老护理员的职业守则和岗位须知。

(2) 熟悉老年人老化改变及护理要点,熟悉老人生理老化、心理老化、社会功能老化的内容。

(3) 了解《中华人民共和国老年人权益保障法》相关知识。

(4) 掌握老年人饮食指南和老年人饮食种类。

(5) 熟悉老年人盥洗的目的及要点、能观察老年人二便。

(6) 熟悉老年人的睡眠特点与睡眠环境要求。

(7) 了解老年人用药原则。

(8) 掌握阿尔茨海默病分期。

(9) 掌握老年人心理支持相关内容。

2. 操作技能培训目标

(1) 能与老年人进行语言沟通,掌握语言沟通和非语言沟通技巧。

(2) 能为老年人制订一周健康食谱,照护老年人进食进水。

(3) 能照护老年人盥洗、沐浴、修剪指(趾)甲,协助正常老年人如厕,协助卧床老年人使用便盆,能为留置导尿管的老年人实施护理。

(4) 能为老年人布置睡眠环境,为卧床老年人更换床单、被套。

（5）能为老年人测量体温、脉搏、呼吸、血压、血糖。

（6）能为老年人实施冷敷、热敷，为老年人护理压疮，能协助卧床老年人翻身。

（7）能照护老年人口服给药、使用外用药，能学会手卫生，为老年人居室进行清洁消毒。

（8）能陪伴老年人就诊。

（9）能对老年人常见疾病实施照护，能为老年人注射胰岛素。

（10）能照护认知症老年人，为其实施记忆力训练。

（11）能对老年人常见的跌倒、误吸、烫伤、走失、呼吸心跳骤停等意外事件进行处理与预防。

（12）能指导老年人进行体操活动、手工活动、娱乐游戏活动，为老年人读书、读报，指导老年人使用智能手机。

（13）能协助老年人床上被动翻身、自主翻身，能指导老年人使用手杖，照护老年人使用轮椅进行转运。

二、培训课时安排

总课时数：40 课时。

理论知识课时：14 课时。

操作技能课时：26 课时。

具体培训课时分配见下表。

培训课时分配表

培训内容	理论知识课时	操作技能课时	总课时	培训建议
第 1 单元　基础知识	3	1	4	**重点**：老化改变及护理要点
模块 1　养老护理员职业守则	0.5	0	0.5	**难点**：与老年人言语沟通

续表

培训内容	理论知识课时	操作技能课时	总课时	培训建议
模块2 养老护理员岗位须知	0.5	0	0.5	建议：在培训时可采用多媒体教学，综合采用案例讲解法、示范法、模拟法、培训视频等帮助学员学习；也可在养老机构进行现场培训
模块3 老化改变及护理要点	1	1	2	
模块4 与老年人沟通	0.5	0	0.5	
模块5 《中华人民共和国老年人权益保障法》相关知识	0.5	0	0.5	
第2单元 生活照护	2	7	9	重点：照护老年人沐浴 难点：鼻导管喂食 建议：培训时可采用模拟人先进行讲解示范，学员再分组练习，相互评价反馈；进行鼻导管喂食培训时需采用模拟人进行练习，建议采用教学视频讲解，练习时使用真实鼻饲液进行注射练习
模块1 老年人饮食照护	1	2	3	
模块2 老年人清洁照护	0	2	2	
模块3 老年人排泄照护	1	2	3	
模块4 老年人睡眠照护	0	1	1	
第3单元 基础照护	3	7	10	重点：协助卧床老年人翻身 难点：测量血压 建议：在培训协助卧床老年人翻身的操作时，可采用培训师示范讲解，学员之间进行角色扮演，相互练习操作；进行汞柱式血压计测量血压时，培训师可采用分步骤讲解示范，学员相互进行测量练习
模块1 老年人体征观测	1	2	3	
模块2 老年人护理协助	1	3	4	
模块3 老年人用药照护	1	1	2	
模块4 老年人感染防控	0	1	1	

续表

培训内容	理论知识课时	操作技能课时	总课时	培训建议
第4单元 疾病照护	5	7	12	**重点**：老年人常见意外事件与预防 **难点**：认知症老年人智能康复训练 **建议**：培训师在讲解老年人常见意外事件处理与预防时可使用真实案例进行分析讲解；培训认知症智能康复训练时需从分期、日常照护、智能训练多方面进行讲解，培训师先边示范边讲解，学员再分组相互练习
模块1 陪伴老年人就诊	1	0	1	
模块2 老年人常见疾病照护	2	1	3	
模块3 认知症老年人照护	1	2	3	
模块4 老年人常见意外事件的预防与处理	1	4	5	
第5单元 健康促进	1	4	5	**重点**：康乐活动 **难点**：体位转移 **建议**：培训时可视频教学，再示范讲解，采用真人实训，学员间相互进行练习
模块1 康乐活动	0	2	2	
模块2 体位转换	0	2	2	
模块3 心理支持	1	0	1	
合计	14	26	40	